はじめてでも乗り切れる！

公務員の議会答弁ガイド

吉川 貴代 著

YOSHIKAWA KIYO

学陽書房

はじめに

　市町村の年度は4月1日に始まり、3月31日に終わります。この切り替えのタイミングで人事異動があり、4月1日には管理職あるいは課長としての1日目を迎える人が、全国にいます。

　本書では、管理職デビューをしたものの、議会答弁が不安、苦手だという市町村職員の人にお読みいただこうと考えて書きました。私は市職員をしていますので、本書は市町村で議会答弁する人が日頃からどう準備すればよいかという視点でまとめています。また、これから管理職をめざしたい、めざそうかなと実は迷っている人にも、ぜひ、お読みいただきたいと思っています。

　管理職といえば、議会です。議会答弁がいやだから管理職にはなりたくないという話をよく聴きます。管理職への登用は、本人の意思で受験する昇任試験もあれば、意向確認や推薦で決定される場合もあり、その方法は市町村によって違います。職員数や年齢構成によって管理職デビューの年齢も、30歳代後半から50歳代までと幅広いケースがあります。日本には1,500を超える市町村があり、人口規模で見れば百数十人の村から300万人を超える市があり、職員数で見ても20人前後の村から3万人を超える市まであります。実に多様です。

　答弁は、議事録が残る公式の場で、担当している施策や事業の範囲のことを質問されて答える場面です。苦手だ、不安だと思って当然です。最初からパーフェクトにできないし、おそらく、パーフェクトな答弁は極めて稀です。私は「疲れた、面倒だ」と感じたら、日本中でともに市町村管理職として闘っている多くの仲間がいると考えるようにしています。

ふりかえれば、2005年4月1日に、私は課長補佐として管理職デビューの日を迎えました。あれから月日が流れ、議会出席デビューから約16年、答弁デビューから約11年が過ぎました。2016年〜2019年度の4年間は政策企画部長として、数々の答弁、本会議一般質問の答弁査定を担っておりました。その後、2020年4月の人事異動に伴い、査定する立場ではなくなりました。しかし、議会答弁についていろいろと思うこと、気づくことを何か書いて残してみたいと、かねてから思っていました。役所には定年がありますから、後輩に伝えていく時期にも来ています。

　そのようななか、2020年6月頃に、次の時代の管理職のみなさんに少しでもお役に立つよう議会答弁のノウハウを書いてみようと思い立ち、簡単なパワーポイント資料を作ってみました。これを、試しに使ってくれた後輩の声を基にブラッシュアップしようとしていたところ、10月に本の発行のお話しをいただきました。

　人前で話をするのが怖い、理路整然とは話ができない、議会答弁なんてとんでもないという人は、少なくないと思います。しかし、日頃からの仕事の仕方を工夫することで、自信をつければ、議会答弁は怖くありません。

　今でも、議会答弁は好きではありませんが、住民のために必要な政策を実現するためには必要な場面だと考えています。議会答弁は市町村管理職ならではの仕事です。必要以上に恐れず、日頃の仕事を地道にやっていれば大丈夫です。自信をもって、管理職は楽しいといえます。そう思ってくださる全国の仲間を増やしたいと思います。わかりきっているところは読み飛ばしていただき、気になるところをクスッと笑ってお読みくだされば幸いです。

吉川　貴代

目 次

1章 議会答弁の基礎知識

2章 議会答弁の「ストーリー」

3章 議会答弁の基礎体力

4章 議会答弁の場面別解説

5 章 議会答弁の基本ノウハウ

6章　管理職へのメッセージ

1章

議会答弁の基礎知識

市町村には必ず議会があります。4月1日付で課長や課長補佐という辞令をもらったら、"議会答弁デビュー"の日がやってきます。苦手だなぁ、いやだなぁと思うのは誰でも同じです。1章は、市職員という経験者かつ実務者としての視点で、議会答弁について基本的なことを並べてみました。

1 議会の年間スケジュールを把握する

❶ 1年間の流れをベースにスケジューリング

　議会答弁をする立場、または補佐をする立場になったら、**4月から1年間の市町村議会の流れをベースに、日々の仕事を組み立てていくことが大切**です。市町村議会では、年4回の定例会が設けられていることが多いので、6月、9月、12月、3月という事例を以下の表にしてみました。

図表1-1　定例会スケジュール

定例会	議案審査	一般質問
6月定例会	条例改正、補正予算、その他の議案	個人質問
9月定例会	条例改正、補正予算、その他の議案 前年度の決算審査（※1）	個人質問
12月定例会	条例改正、補正予算、その他の議案	個人質問
3月定例会	翌年度の当初予算、当年度の補正予算 条例改正、その他の議案	代表質問 個人質問

※1　決算審査は自治体によって時期が異なります。
※2　これに加え、臨時会もあります。

　議会は、定例会のほかに臨時会が開かれますが、ここでは定例会だけを表しています。臨時会は定例会が終わり、次の定例会までの間に、緊急で補正予算の提案・審議が必要な場合などに招集されます。2020年度は、多くの市町村議会において新型コロナウイルス感染症対策のための補正予算を審議する臨時会が開催されました。

市町村の人事異動を考えると、課長になりたての職員が6月定例会に向けてドキドキするのは当然です。特に、条例改正や補正予算などの議案提案があれば、課長は6月には確実に答弁デビューすることになります。着任した4月からさっそく準備を始める必要があります。GWが終われば、すぐにやってきます。**早目に準備を始めるほうが得策です。**

　そのほか、4月に着任した課長や課長補佐にとっては、前年度の決算審査と翌年度の当初予算が大きな山場になりますから、この表の例では、9月と3月の定例会が重要です。

❷ 異動して初年度の決算審査を乗り切ります！

　4月の異動から数か月〜半年後、決算審査がやってきます。前任者が携わっていた年度なので、「いなかったから知りません！」と言いたくなります。しかし、それはできません。「自分が携わっていた！」と錯覚できるレベルまで、答弁のための知識や技術＝基礎体力を高めれば、答弁はできます。

　どうすれば基礎体力を高めることができるのかは、2章以降をお読みください。

❸ 年度末は翌年度に向けてのキックオフ！

　3月が近づけば、異動から約1年。あっという間の1年だったなぁと思う頃には、一通りは経験していますから、決算審査のときに比べると、ずいぶん、精神的には楽になれます。もちろん、3月議会は1年間の仕上げのときですから、謙虚にかつ自信をもって、最良の答弁ができれば最高です。翌年度から、1つでも2つでも、住民福祉の向上があるはずです。

2 議会答弁で自分が登場する場面

❶ 議会答弁の登場場面は本会議と委員会

「議会答弁、不安だなぁ」。管理職になれば、あるいは、管理職をめざすときに、多くの人が思うことです。議会の流れを理解すれば、答弁のための準備がしやすくなります。

私たち職員が登場する議会答弁の場面は、図表1-2の★印のように、大きく分けると本会議と委員会にあります。**本会議では一般質問、議案が付託された委員会では議案審査などでの答弁**があります。

❷ 誰が何を答弁するのかを理解！

管理職になったら、**議会の流れ、誰がどこで何を答弁しているのかを、議事録等に目を通して理解**しましょう。

私は2005年4月に課長補佐として、議会デビューをしました。前年度まで、同じ課で係長をしており、議会提出資料を作成したことはありましたし、議会中継をチラチラ見ながら仕事をしていました。ところが、同年8月末に課長が突然退職したとたん、焦りました。9月に新しい課長が就任され、話をするなかで、私自身が答弁について実はよくわかっていないことに気づきました。こうならないように、読者のみなさんは、所属している課の業務に関する質問と答弁を中心に前年度の議事録を読むなど、地道に勉強する必要があります。

図表1-2 議会の流れ（定例会の場合）

```
┌─────────────────────┐
│   首長が議会を招集    │
└─────────────────────┘
          ↓
        開会
```

本会議

議案	一般質問
議案の提出（条例改正や予算案など） ↓ 提案理由の説明 ↓ 議案質疑★（※1） 　市長提案議案の場合 　議員の質疑に市長等が"答弁" ↓ 委員会付託（省略の場合あり）	質問者＝議員 市政全般について質問 代表質問：会派ごと 個人質問：議員個人 ↓ 答弁者＝市長等★（※1） 質問について"答弁"

↓

委員会（※2）

議案審査
　議員が質疑、市長等が"答弁"★
↓
討論
↓
採決

↓

本会議
議案

委員長報告
↓
討論
↓
採決

↓

閉会

※1
市長のほか、議事説明員が答弁します。○○部の部長などであることが多いです。

※2
総務常任委員会や建設常任委員会など、いくつかの常任委員会に分かれていることが多いです。
常任委員会の出席者は、市長、副市長のほか、○○部長、○○課長、○○課長補佐などが出席し、答弁します。なお、答弁のために出席する職員の範囲は市町村によって違いがあります。

3 答弁者から見た本会議と委員会の違い

❶ 本会議と委員会では出席者が違う

「本会議と委員会では出席者が違う？　そんなこと、知っていますよ！」と言えるのは、実は答弁の経験をかなり重ねているか、議会の流れを一定理解できている市町村職員です。

どちらも、議員の質問に対して答弁するという点では共通していますが、**本会議と委員会では、議員も職員も、出席者の範囲が異なります**。ここでの委員会は、常任委員会または特別委員会という場面で説明します。簡単に整理すると、次の表のとおりです。

図表1-3　出席者比較

場面	議員	職員
本会議	全員	執行機関の長から議事説明員として指名されている職員（部長などの職員） ※部の代表選手のみ
委員会	委員会を構成する議員	委員会が審議対象とする部や課の職員（部長、課長、課長補佐などの職員） ※部の管理職チーム

それぞれの市町村議会の常任委員会は市町村の一般的な事務に関する審査、特別委員会は議会の議決により付議された事件に関する審査をするところです。常任委員会では、総務常任委員会、建設常任委員会などの委員会が設置されていることが多いです。常任委員会の数、名称などは市町村議会によってかなり異なりま

す。**自分の所属している課の仕事は、どの常任委員会が所管して
いるのかも理解しておきましょう。**

❷ 本会議と委員会では範囲が違う

本会議での一般質問は全般的です。つまり、どの部・課にも、
執行機関の事務に関することは何でも質問が飛んでくる可能性が
あります。

一方、**委員会では、条例改正や補正予算などの議案審査ですか
ら、質問はその範囲のことに限定**されます。常任委員会を例にし
て表にすると次のとおりです。

図表1-4 範囲比較

場面	種類	区分	質問・質疑の内容
本会議	一般質問	代表質問	会派を代表して議員が、当該自治体の行政全般の中からテーマを設定
		個人質問	議員が、当該自治体の行政全般の中からテーマを設定
委員会	議案審査	条例	条例提案、改正、廃止等の提案に対して内容を質問する
		予算	当初予算案や補正予算案の内容に対して質問する

委員会の議案には、条例、予算のほか、不動産の取得、物品の
購入、財産譲与、外部監査契約にかかる議決や指定管理者の指定
などの議案があります。また、特別委員会では議会の議決により
付議された内容で、決算審査、行政改革、総合計画、庁舎建設、
災害対策などがあります。

4　本会議答弁は個人戦、委員会答弁は団体戦

❶ 本会議の答弁は個人戦

　市長、副市長、部長という組織の場合、本会議では、部の出席者は部長だけというのが一般的だと思います。「委員会はいいけど、本会議はいやだなぁ」と職員が感じるのはごく普通のことです。本会議では、**委員会とは違って、議場で横からメモや資料を回してくれる部下がおらず、個人戦**だからです。

　「部長にならなければ、本会議で答弁することはないから、部長には昇進しませんように！」と願うよりも、いつでもできるように、課長や課長補佐のときから、地道に基礎体力をつけておくほうが得策です。

❷ 個人戦をどう闘うか

　この本会議という個人戦は、何度経験しても緊張します。私は、議場に入る瞬間に、自分のなかにある答弁スイッチをON にします。**この瞬間のために、資料収集・作成、職員との議論などの準備**をしています。準備がなければ、押せるスイッチもありませんので、とにかく**「準備」をすることが、緊張を和らげる重要なポイント**です。詳しい準備の方法は 2 章と 3 章で紹介します。その準備は、部下とともにしていることが多いでしょうから、本会議で答弁する人は、部下への感謝の心を忘れずに！

　これを課長の視点から見れば、部長が答弁する場面を想定して、

「わかりやすくて使える資料」を作成しましょう。そうすればいずれ、自分が部長になったときにそのスキルが役立ちます。

❸ 委員会の答弁は団体戦

一方、委員会は団体戦だと考えるとよいでしょう。課長が答弁に困ったら、部長が助けてくれたり、課長補佐が資料を出してくれたりするからです。

たとえば、課長補佐として出席する場合、委員会は、部長や課長と一緒に出席します。しかし、「課長が答弁してくれるから大丈夫！」という油断は禁物です。課長が急病で出勤できなくなるかもしれません。その場合は、課長補佐が課長の代わりに答弁することになります。お互いに生身の人間ですから、このリスクはあります。もちろん、個人戦・団体戦を問わず、体調管理は最重要です。**議会での答弁には、気力・体力が必要**ですから！

❹ 日頃から、チーム力を高めることが大切

本会議と委員会は違うとよく言われます。実際に、両方を経験してみて、そのとおりだと感じます。なぜなら、**場面・守備範囲が違う**からです。しかし、市町村としての考え方、具体的な事業をどう展開しているかなどを述べるという点では、同じです。

> **図表1-5** 個人戦も団体戦もチーム力を高める
>
> 本会議は部長だけだから、個人戦！でも、準備はチームで！ 　 委員会は課長も一緒だから、団体戦！日頃のチーム力が大切！

5 議会答弁は チーム力で変わる

❶ チーム力は職員の強み

　部長や課長などの役職は別として、議会で答弁するのは1人です。この瞬間だけを見れば、議会答弁は、職員個人のスキルを高めればよいと思ってしまいます。それはある意味、正しいです。しかし、それだけでは、話し方などの技術の向上ができても、答弁の内容が深まることにはつながりません。

　私たち市町村職員は、補助機関の内部組織に所属しています。それが強みです。人数が多いか少ないかの違いはあっても、チームが最初からあります。それが、議会答弁とどう関係するのでしょうか。

　よくあるのが、議会で、想定外の質問をされて、苦しいとき、その場しのぎの答弁をしたくなることです。これをしてしまうと、後で自分が、あるいは、実務者である部下、さらには、後任者が困ることになります。極力避けるためには、日頃から、自分だけで考えて仕事をするのではなく、チームとして議論や意見交換を活発にすることが大切です。会議に限らず、職場での事務打ち合わせや担当業務に関する疑問、新聞・テレビ等の報道への考え方など、幅広く話をする場面を含みます。**一見、無駄に見えるこの活動が、ブレない答弁につながり、想定外の質問への答弁に役立ちます。**チーム内での議論のなかに、この施策や事業がどうあるべきかといった答弁にもつながる深まりがあるからです。

❷ ともに闘う最強のチームづくり

　部長や課長が自信をもって議会答弁をするためには、担当している施策や事業を最高のものにするという強い意志と具体的な方策が必要です。そこには、**一緒に仕事をしている部や課、係というチームのメンバーが同じように考えて動けるというのが前提**としてあります。

　市町村議会の質問と答弁は、市町村が担っている膨大な事務の一部に焦点が当たるということですから、日頃から、着実に実務を進めておくことがポイントになります。たとえば、○○条例の一部改正を提案する場合は、改正理由があります。この条例の担当課の職員は、なぜ改正するのか、改正することで住民福祉がどう向上するのか、改正後の実務をどうするのかを、よくわかっています。部や課といったチームのメンバーが、こういった方向性と具体的な方策を共有し、ともに闘うというプロセスを経ることが最強の答弁力につながっていくのです。

　また、内容にもよりますが、チームは部や課といった内部組織にとどまらず、関係機関や団体の人たちを含めた、いわば協働チームということもあります。

　さらに、究極のチームは、チーム○○市、チーム○○町、チーム○○村です。市町村長以下が1つのチームであれば、答弁は安定し、答弁者によって答弁が違うという症状はでないはずです。議会で激論となると予想される議案の場合、この究極のチーム力が問われます。執行機関の長から提案する議案に対して、議会の理解を得られないときは、なぜそうなるのか、どう打開するのかを執行部内で十分に話し合う必要があります。

6 議会答弁は 上司や先輩から学ぶ

❶ マニュアルがあるようでない！

　議会答弁のマニュアルはあるようで、意外とありません。私も作成したことがありません。なぜなら、マニュアル化が難しいからです。本書は、マニュアルではなく、答弁力を高めるための基本的な考え方や仕事の仕方を解説しています。

　市町村職員の実務者として、経験を積むなかで、証明書の発行や各種給付業務などは、多くの職員が同じことを繰り返して行うので、業務を均質化しないといけません。ところが、議会答弁に関しては、ルールは共通しているものの、質問に対してどう答弁するかをマニュアル化するのは現実的ではありません。しかも、市町村が取り扱う事務は多種多様ですから、同じ役所のなかでも、部署が違えば、質問も答弁も違います。さらに、月日が経つと、社会も変化し、住民の生活も変わります。そうすると、議会での質問のトレンドが変わります。このように、**これを読んだら、完璧だというマニュアルを作りようがありません。**

　では、いきなり自分スタイルを構築できるかといえば、それは無茶です。役所で長く仕事をしてきて、実務に自信があっても、答弁デビューに関しては、最初は１年生です。あせらずに自分スタイルを築いていく。そのためには、上司や先輩から学ぶことが何よりも近道です。

❷ 上司や先輩から、何をどう学ぶか

　上司や先輩から学ぶことの１つは、**答弁までの一連のプロセス**です。

　上司や先輩は、管理職としては先輩ですから、その仕事ぶりから学ぶことから始めるとよいでしょう。質問と答弁を事前に100％すり合わせできる場合を除けば、議会で想定外の質問に出くわすことはよくあります。それでも答弁しなくてはなりません。上司や先輩は日頃から全方位的に業務を掌握しているはずです。そのスキルを学ぶのが、議会答弁への最強の備えです。

　もう１つは、**本会議や委員会前などに行う議員との答弁調整や、全議員への情報提供など、議会中継や動画配信、議事録には出てこない場面**です。これは、市町村の組織風土、議員との関係性、とりきめや慣例などによって、多様です。しかも、同じ市町村のなかでも、必ずしも一様に行われているわけではありません。これも、上司・先輩に教えてもらうしかありません。ここでは、議員とどう接するのかというのがメインになりますが、議員を必要以上に恐れる必要はありません。礼節を守って接することが基本です。

　こうした学びは自分が上司・先輩になったときには、新しい管理職に惜しまず教えましょう。

　また、良い答弁も学びましょう。答弁の技術は、「いいね！」と思った答弁のどこが良いのかを分析し、自分の答弁に活かすことで身につきます。多種多様な答弁はライブ教材です。また、参考書もいくつかありますから、自学用の教材を入手し、上司や先輩の答弁のどこが良いのかを、照らし合わせるなどしていけば、答弁の基礎体力づくりに役立ちます。

7 最初はドキドキ、 議員との会話

❶ まずは、顔と名前を覚える

　管理職になって間もない頃に、議員の顔と名前がわからないという人は珍しくないと思います。これは、規模が大きい市の職員にはよくあることです。広報誌、ホームページなどを活用して、覚えましょう。

　人の顔と名前を覚えるのが苦手という人もいますが、これから、**議会答弁をしていくなかで、相手を知らないで答弁することはできません。**名前、期数、会派、所属政党、住まいのエリアは基本情報です。特に重要なのは期数です。議員の任期は、地方自治法により4年と定められています。4年を1期として、何期目なのかも重要です。たとえば、勤続20年目の課長から見れば、6期目の議員は、課長の職員としての年数よりも長く議員をしていますから、さまざまな経験、知識を積んでいます。答弁、答弁調整等の場面ではくれぐれもお忘れなく。

❷ 礼節を守る

　あえて説明する必要はないと思いますが、議員と答弁調整等で話をする場面などでは、**社会人、公務員としての礼節を守ること**が基本です。

　はじめて話をするときは、ガチガチに緊張するかもしれません。答弁調整のときに、上司や先輩と一緒に会う機会もあると思いま

すので、どのように会話しているのかを観察するとよいでしょう。おそらく、住民や上司と話をするのと同じように、敬語を使って話をしていると思います。

❸ 市民から見える部分がすべて

　議員と会話するときに、市の事業の実務、たとえば、事務をどう運営しているのかを、議員が熟知していると思って話をすると、話が噛み合いません。元職員かつ当該事務を熟知している議員でもない限り、それは無理というものです。

　たとえば、「住民登録や戸籍などの証明書の窓口がいつも混雑しているので、待ち時間が長いという苦情をよく聞く。改善すべきだ」と議員から質問されたとします。答弁する課長は、申請受付から証明書交付までの一連の流れがわかっていて、申請が集中するという事情や、時間がかかる証明書があることなどを知っていますから、それを説明しようとします。実際に、窓口で苦情対応もしているでしょう。しかし、それは行政側、つまり、窓口の内側の事情に過ぎず、待ち時間が長いという市民から見れば、「それで？」となります。

　議会で答弁する際には、待ち時間が長くなる理由を簡潔に説明するに限ります。

答弁デビューひとくちメモ

　管理職になって間もない頃、ご多分に漏れず、議員の顔と名前をほとんど知りませんでした。部長や課長あてに電話がかかってきて、不在のときの対応には焦りました。慣れるしかありませんが、上司の行動、反応を観察する。そして、上司に聞いてみるというアナログな学びを実践していくしかありません。

8　はじめての議会答弁 4つの心構え

❶ 怖がらない！

　多くの市町村では、5〜6月には議会デビューの日を迎える職員がいます。「課長として議会で答弁する場面を想像するだけで不安だなぁ」「私は課長補佐で、課長が答弁してくれるとは思うけど、それでもなぁ」などは、よく思うことです。

　必要以上に怖がる必要はありません。答弁の守備範囲は、所属している部や課の施策や事業だからです。怖がる暇があれば、担当の施策や事業、その背景を勉強して、職員と対話をするなど、基礎体力づくりに励めば、大丈夫です。

❷ 簡潔に！

　丁寧に説明しようというつもりでも、長々と答弁すると、結局、何を言っているのかわからない。なぜか。ほとんどの場合、議会の質問と答弁は言葉でのやりとりだけですから、長くなればなるほど、「ところで、何を言いたいの？」となってしまいます。聴く側だったらどうなのかと考えるとわかりますよね！

　限られた時間のなかで、聞かれたことに対して、できるのかできないのか、検討するのかしないのかを、理由を添えて、簡潔に答弁すればよいのです。

❸ 勇気を出して！

　答弁は、人前で話すことです。部や課の代表者として、施策や事業の方向性や現状などを公式に述べる仕事です。

　見方を変えると、**議会で答弁できる職員は、ごく一部で、多くの職員は議会に出席できません**。管理職になった以上、多くの職員の日頃の努力、苦労に報いるために、勇気を出して、自信をもって答弁しましょう。そして、頑張っている職員、ともに施策や事業を担っている多くの関係者への感謝を込めて！

❹ 慎重に！

　答弁は議事録に文字として残ります。「あのときに、当時の吉川次長が、こう答弁したから！」と数年後に議会で引用されたことも実際にありました。仕事を隅から隅まで完璧に把握するというよりは、**施策や事業の方向性はブレずに語り、よく使うデータは覚えておくか、手元において見れるようにしておく**など、議会答弁に必要な準備をきっちりしましょう。甘くみてはいけません。

答弁デビューひとくちメモ

　上司の反応が気になる！

　答弁デビューの頃、議員の質問の意味がよくわからなくて、固まってしまう経験はよくあることです。私は、それよりも気になったのは、上司の反応です。「この答弁、良くなかったかなぁ」と思ったときは、上司が怖い顔をしてこちらを見ていたり、メモが回ってきたり！　相談しながら答弁できればよいのですが、それができないのが、議会答弁です。メモや合図のタイミングは大事。そして、それを理解できるだけの信頼関係が何よりも大切です。

管理職ではない頃の
議会に対する印象

　係員から係長までの16年間、管理職である上司のもとで働いていました。議会を意識し始めたのはいつ頃だったかなぁと振り返ってみました。

　特に記録にとどめてはいませんので、おおまかな記憶ですが、市職員として11〜13年目に起きた2つの出来事が印象的です。1つは議会中継をはじめて観た日です。課長や課長補佐が神妙な顔をして座っていて、指名されたら、かしこまって「〇〇でございます」と答えている！　普段の上司とはずいぶん違い、管理職の仕事は大変で、自分には関係ないことだと思いました。ただし、答えている内容は、昨日まで職場で話をしていた事柄で、どうすれば、かしこまって話をすることができるのだろうと不思議に思いました。これが議会答弁に対する第一印象です。

　もう1つは、「今から委員会に行ってくる。ちゃんと聴いておいてほしい」と言い残して、委員会室に向かった上司の存在です。当時、業務が多忙で、そんな暇があるなら実務を片付けたいと思いましたが、無視もできないので、拝聴。人件費の増額に関する補正予算案でしたが、「なぜ超過勤務が多いのか」から「超過勤務を減らす努力をすると言うが、住民サービス低下につながるのではないか」まで、次々と質問され、上司は端的に答弁していました。「なるほど、補正予算とは、こういうふうに聞かれるものなのか」という学びになりました。

　さて、私自身、上司と呼ばれる存在になって久しくなりましたが、どこまでできているかなと思うこの頃です。

2章

議会答弁の「ストーリー」

議会答弁は、議員の質問に対して、簡潔明瞭に答えることが基本です。ただ単に答えるだけではありません。議会答弁を通じて、わがまちでは、住民とともにどのように施策を展開するのかというまちづくりの「ストーリー」を明らかにすることが大切です。そのために必要な議会答弁に関連する基本的な知識や用語を解説し、答弁する職員としての基本姿勢をまとめました。

1 そもそも、「議会」とは？

❶ 議会の根拠は憲法と地方自治法

　管理職になるまでの間、実務に追われているのはごく普通のことです。「議会」についてわからなくても、今から学べば大丈夫！まず、市町村議会を学ぶ第一歩として、議会に関するさまざまな決まりごとは日本国憲法と地方自治法が根拠であることを覚えておきましょう。

　憲法第93条において**「地方公共団体には、法律の定めるところにより、その議事機関として議会を設置する（１項）。地方公共団体の長、その議員及び法律の定めるその他の吏員は、その地方公共団体の住民が、直接これを選挙する（２項)」**と規定されています。これが市町村議会の根拠です。

　そして、地方自治法の第６章が議会を規定しており、同法第89条において「普通地方公共団体に議会を置く」と規定されています。以下、第90条〜第138条において、都道府県、市町村それぞれの議会についての規定があります。

❷ 議会の組織と権限

　議会の組織は、**本会議と委員会があり、本会議には定例会と臨時会、委員会には常任委員会のほか、特別委員会、議会運営委員会**があります。議会の権限は、地方自治法第96条により、条例の制定・改正・廃止、予算決算、主要公務員の任命などの議決事項

が定められており、そのほかに意見書の提出、調査、監査請求、請願受理などがあります。詳しくは、図表2-1をご参照ください。

図表2-1 議会の基本

 そもそも、議会って？

地方公共団体の議決機関で、住民から直接選挙された議員で構成します。定数は条例で定めています。市町村議会ごとに定数が違います。

議会には条例の制定・改廃、予算、副市町村長などの任命などを議決する権限、意見書提出や調査、監査、請願受理などさまざまな権限があります。

 本会議と委員会の違いは？

本会議は議員全員、委員会は一部の議員で構成します。定数にかかわらず、どちらもあります。

 委員会の種類は？

委員会の種類は3つ。①常任委員会、②特別委員会、③議会運営委員会です。

 定例会？臨時会？

定例会は条例で回数が定められています。緊急に議決が必要なときなどには、臨時会が招集されます。最近は、定例会・臨時会の区分を設けない通年制もあります（条例で規定）。

総務省ホームページより加工

2 議会に対する「執行機関」・「補助機関」

❶ 地方公共団体の執行機関

　「執行機関」。これも、日常業務のなかでは、それほど使いません。ただ、議会では比較的よく耳にしますので、確認しておきましょう。

　執行機関とは、**市町村及び、地方教育行政の組織及び運営に関する法律に規定する教育委員会、地方自治法に規定する選挙管理委員会、監査委員、地方公務員法に規定する人事委員会、公平委員会**のことです。

　地方自治法第7章に執行機関の規定があり、同法第138条の2において「普通地方公共団体の執行機関は、当該普通地方公共団体の条例、予算その他の議会の議決に基づく事務及び法令、規則その他の規程に基づく当該普通地方公共団体の事務を、自らの判断と責任において、誠実に管理し及び執行する義務を負う」と規定されています。簡単に言うと、**市町村は、議会で決めた条例や予算に基づき責任をもって業務をする**ということです。

　また、同法の規定により、市町村には市町村長を置き、任期は4年、選挙で選ばれることが規定されており、その長が、執行機関を統括し代表しています。地方公共団体の長は、上記で挙げた委員会を統括、代表、総合調整する機能があります。

　議会に対して、「執行部」と呼ぶときには、これらの委員会を総称していることが多いです。

❷ 執行機関が機能するための補助機関

　市町村が執行機関としての機能を発揮するために、私たち**市町村職員は、補助機関において業務を担当しています。部や課は補助機関が機能するために設けられる内部組織**です。

　この「補助機関」についても、地方自治法に規定があり、副市町村長（167条）、会計管理者（168条）、専門委員（174条）が、それぞれ補助機関として定められています。さらに、市町村長の権限に属する事務を分掌させるため、それぞれ補助機関に必要な内部組織を設けることができる（158条1項）と規定されています。これが、部や課を置くことができる根拠で、市町村では事務分掌条例という形で規定されています。さらに、市町村では支所・出張所の設置も可能（155条1項）、法令の規定により保健所の設置が可能（156条1項）となっています。

　また、同法第138条の3の規定により、地方公共団体の長、つまり、市町村長は、教育委員会等の委員会、その委員等に対して、組織や予算、公有財産に関する総合調整権を持ちます。そのため、予算案は「執行部」として1つにまとめて、令和○年度一般会計予算案という形で提案することになります。

図表2-2　市町村の内部組織

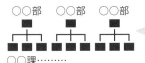

○○部　○○部　○○部

○○課………

○○部○○課は、市町村の執行機関としての機能が発揮できるように、内部組織として設置されています。

※内部組織は市町村の規模や地域特性により大きく異なりますので、議会への出席範囲も違います。また、答弁に際して所属と氏名を名乗る場合もあれば、あらかじめ座席表を議会事務局に提出する場合もあります。

3 押さえておきたい 議会用語3選

❶ 議運（ぎうん）＝議会運営委員会

　議会用語がよくわからないということは、議会デビューの頃によくあることです。その1つが、**議運（ぎうん）です。議運とは議会運営委員会のことです。**

　地方自治法に規定された委員会の1つで、何をいつ審議するかといった議会の運営に関する事項などを決めるところです。この議運に出席できる市町村職員は極めて少数です。総務部長などの職員が、提出議案の説明という役目で出席をします。説明したあとに、議員から質問されることがありますので、出席する職員は十分に備える必要があります。在職中に出席できる職員は稀ですので、貴重な経験です。

❷ 会派

　会派とは、議員が構成するグループのことです。必ずしも政党と一致することはありません。議員定数が大きい議会では、会派の数が多くなる傾向があります。反対に、議員定数が小さい議会では会派がないこともあります。

　議会運営委員会には、会派の代表者が出席することが一般的です。会派に属さない議員は、無所属、1人会派などという名称を使っている議会が多いようです。

❸ 各派代表者会議

　幹事長会、会派代表者会議など、名称はさまざまですが、各会派の代表者が集まる会議のことです。**議会運営に関して意見交換、議論が行われます。**

　議会運営委員会は地方自治法に規定された委員会の1つですが、各派代表者会議には法の規定はありません。議会の規模によって違いが大きく、議会事務局以外の職員が出席する機会があるのかどうかも市町村によって違いますが、報告事項等がある場合に、議会事務局以外の職員が出席して説明する場合が多いようです。

　また、全員協議会と呼ばれている、全議員が集まる会議もあります。重要な事項を検討したり、執行部から報告を受けたりする場です。全協（ぜんきょう）と略されることが多いようです。

　これらの会議は、市町村議会によって異なります。答弁デビューの頃にはよくわからないというのはごく普通のことだと思いますので、上司や先輩に教えてもらうに限ります。

　137ページから、よく使う議会用語をまとめていますので、チェックしてみてください。

答弁デビューひとくちメモ

　管理職歴が浅い頃、上司が「各会派の議員に説明が必要だ」と言っていましたが、ピンとこなかった経験があります。議会デビューを迎えたら、議員が何人おられて、どういう人たちなのか自分で学ぶ必要があります。人数は、市町村の条例により議員定数が決まっていますから、例規集で調べればすぐに出てきます。会派がいくつあって、構成する議員が誰なのかは、ホームページや広報誌、議事録などが役立ちます。何期務めていて、所属の政党や活動、議会ではどのような問題定義をされているのかといった部分です。これは答弁に役立ちます。

4 議員と職員の視点の違い

❶議員は総合的

　まちづくりの主役は住民です。その大前提のうえで、議員と職員にはそれぞれの役割があります。議員は、議会で「質問」をすることで、1つでも課題が解決する、あるいは、住民サービスをより良くしていこうとしています。

　その質問に対して、私たち市町村職員、つまり執行機関の補助機関の一員が答弁します。このときには、限られた社会資源のなかで、住民福祉の向上のために、何をどう取り組んでいるのかを明確に答弁することが大切です。

　議会答弁対策をしていると忘れがちですが、議員も職員も、住民のために仕事をしています。ところが、立場と仕事の内容、やり方が違います。この違いを前提に、答弁しましょう。

　議員は直接選挙で選ばれた住民の代表です。日々、住民からさまざまな相談や要望を受けています。相談や要望内容は多岐にわたり、親の介護、子育てもあれば、道路の安全、町内会での諸問題などもあります。**議員は具体的な話をもとに、住民の生活を総合的に俯瞰することができます。**

　こうした日常生活で起きているさまざまな困りごとの相談を通じて、「こう変えたらいいのに！」「○○市でしている事業を参考に本市でも始めたらいいのに！」などの気づきがあり、制度や先行事例などを調査して、本会議の一般質問、予算案などの審査のときの質問へとつなげています。

❷ 職員の守備範囲は限定的

　一方、市町村職員は採用試験という選考を経て任用され、服務の宣誓を行い、課に配属。業務を担当しながら、市町村職員としての能力を高めていきます。自ずと知識もスキルも限定的になります。ネガティブな意味でなく、その分野でのプロフェッショナル職員であることが、市町村職員として大切なことなのです。

　議会デビューするのは、何回かの人事異動を経た後、早い人で15〜20年目前後ではないでしょうか。社会人採用などの場合はそれよりも早いこともあります。市町村規模、つまり、職員数や年齢構成によって相当差があります。とはいうものの、配属先で出会った仕事のなかで、さまざまな経験を積み、ポジションが上がると守備範囲が変化を繰り返し、広がっていきます。過去の所属やポジションでの経験は何らかの形でつながりますので、そこで得た知識と経験、培った人間関係は大切にしましょう。

　守備範囲の広がりはあるものの、議員が総合的であるのに比べると、職員は限定的です（ただし、小規模な市町村の職員は、1人が担当する事務の種類が広範囲になりますから、非常に総合的です。中核市の職員である私から見ると驚くことが多いです）。

　議会答弁の場では、現在の自分の守備範囲が決まっています。たとえば、介護保険課長は介護保険制度が守備範囲です。したがって、答弁の際には、常に「自分の守備範囲」を意識しながらも、必要以上に厳格にとらわれることなく取り組むとよいでしょう。ほかの分野のことを無視してよいというものではなく、**全体との関係を理解したうえで、他部署に迷惑をかけないようにすることも大切だからです。**日頃から関連する部署との関係を築き、守備範囲外のこともできる限り把握して答弁する必要があります。

5 市町村長、副市町村長との意思疎通は必須

❶ 自治体を代表しているという自覚が大切

　部長や課長として答弁する場合、執行機関の補助機関の一員ですから、自治体を代表しているという自覚をもって、答弁します。

　たとえば、「認定こども園等の保育利用の待機児童が増えている。市として早急に対応すべき。施設の増設を！」という質問は、都市部の自治体ではよくあります。たとえば、この質問に対して、「公民連携で受け入れ拡大し、待機児童の解消に努めます」という答弁は市として決定した方針に基づいています。

　当然、その方策を自治体として持っていて、推進していく責任者が部長、課長ですから、この答弁をしています。こういった方針は、**議会までの間に、市町村長や副市町村長、いわゆる官房系部門（企画や財政等）と十分に意思疎通をすること**が大切です。

　答弁を聴いているのは、質問している議員だけではなくほかの議員、職員、さらには、部下や関係者もいますし、答弁は議事録にも残ります。根拠をもとに自信をもって答弁するように心がけましょう。不安や迷いのある答弁は、聴いているほうが不安になります。

　それから、最初から完璧に答弁できる人は稀ですから、努力を重ねるのみです。出番を終えて、「こういうふうに言えば、より明確だったかなぁ」と思えば、次の機会に活かせます。

❷ 未来に向かって実行する仕事

　議会の質問は、必ずしも、現状や今後のことばかりではありません。行政の不手際を正される、不祥事の原因を追及されるという場面があります。議員から見れば、当然のことです。

　市町村では、不手際、不祥事が生じないように細心の注意を払って防止しています。しかし残念ながら**不祥事等が発生した場合は、謝罪し、どう改善するかを明らかにします。**

　不祥事等が生じると、組織を挙げて対応することが一般的です。職員や関係者が総力で、原因究明から、ご迷惑をかけた方への対応までを、短期間で一気に行います。市町村職員を長く経験すると、残念ながら、苦い経験をすることもあります。たとえば、職員が公金を着服したという事例です。着服の内容、なぜ誰も気づかなかったのか、今後の再発防止策などを質問されます。

　議会答弁では、**発生原因、再発防止や改善策を明確に答弁**しましょう。大前提として、執行部内で事前に市町村長や副市町村長等と入念に共有、意思疎通しておくことが大切です。苦しい場面であればあるほど、その意思疎通が執行部の組織を強くして、答弁に説得力がでます。そして、答弁で述べたことは、責任をもって、未来に向かって実行するという覚悟が必要です。

答弁デビューひとくちメモ

　自分の答弁を議事録で読むと「下手だなぁ」とか「消してほしいなぁ」と思ったことがある人は多いと思います。しかし、議事録は末永く残ります。過去の経緯を調べるために、数十年前の議事録を調べ、当時の職員の答弁を読みました。その答弁者とは会ったこともなく、どんな人物だったのか全くわかりませんが、なぜか親近感が湧きました。時代が変わっても職員として住民のために仕事をするのは同じです。

6 まちづくりの「ストーリー」を明確にする

❶ ブレない答弁に直結

　本書ではこの後、ストーリーという用語を何度も使っています。「議会答弁にストーリー？」と疑問だと思いますので、最初に説明しておきます。ブレない答弁をするためには、その答弁に含む施策や事業に明確なストーリーが必要だからです。

　日頃の業務のなかで、住民の生活において何がどう良くなるのか、住民とともにどのように地域社会をつくっていくのかというプロセスがあります。前項でチームのことを書きましたが、この「チーム」のなかで議論しながら、課題対策のために組み立てているのが、ここでいう「ストーリー」です。**ストーリーがなければ、施策や事業は、「何のために」という部分が見えなくなります。そして、議会答弁という場面では、ストーリーがなければ答弁のブレの原因になります。**

　よくある事例ですが、地域組織への財政支援。言うまでもなく主役は地域住民です。地域住民が連帯して、より良い地域社会をつくろうとする活動が行われています。しかし、活動資金は十分ではありません。将来的には地域内でお金が循環するようになればよいのですが、当面は、地域が必要とする財政支援をすることによって、活動が広がり、誰一人も取り残すことがない地域社会に近づく。こういうストーリーが明らかであれば、財政支援の是非について、ブレずに答弁できます。

❷ ストーリーは端的に

本会議、委員会を問わず、答弁は簡潔明瞭にすることが基本中の基本です。簡潔明瞭な答弁のなかに、まちづくりのストーリーを込めることができれば、さらに説得力が高まります。

答弁は、議事録が残る公式の場で、担当している施策や事業の範囲のことを質問されて答える場面です。現状と課題、今後の方向性などを述べる機会が到来すれば、ストーリーを端的に述べます。長々と述べる必要はありません。長々と語って、頷きながら聴いているなら、それも一案です。しかし、これができる人は非常に少ないのです。答弁は端的に限ります。

❸ 戦略的でポジティブに

施策や事業のストーリーには、実現したい地域社会の姿と必要な手段があります。答弁では、この姿と手段をポジティブに語ります。

日々、管理職として、日常業務ででてくる課題に対して対応を迫られています。そのとき、チームで議論をして、戦略的でポジティブなストーリーを共有して、取り組むことができていれば、道は開けてきます。そして、これこそが、簡潔明瞭で、説得力のある答弁につながります。繰り返しになりますが、なぜそうするのか、どうなるのか、戦略的でポジティブに語ることができればOKです。たとえば、就学前児童の保育における待機児童対策ならば、保育ニーズに応えるために受け入れ人数を増やす手段（戦略）を講じ、子育てしやすいまちをめざすというポジティブなストーリーです。

人生初の議会出席

　人生初の議会出席は、課長補佐としての常任委員会への出席でした。課長の隣に着席、答弁の場面はありませんでした。

　ところが、午前10時開始で、終了は午後11時前。当時、長時間に及ぶことが度々あり、日付が変わることもありました。この初日、他課の議案で長時間の審議となり、よくわからない内容を延々と聴く時間でした。よくわからないこと、しかも、話が噛み合わないやりとりを聴き続けるというのは、苦行でした。当時、答弁していた部長や課長のみなさんは、すでに退職された方々ばかりですが、あの長時間をよく耐えたなぁと今でも思います。他課の議案とはいうものの、用語などは調べておけば、もう少し理解できたかもしれません。そして、委員会当日、何を持って入ればよいか、ちゃんと上司に教えを請えばよかったと思います。

　当時の私は、管理職昇任考査を受験して合格し、管理職デビューしたものの、この先20年以上、これが続くのかと思うと、お先真っ暗な気分でした。それから、年月が経ち、いろいろな場面があり、今も現在進行形で、答弁者としてのスキルを高めていかなければなりません。完璧な答弁ができればよいのですが、「こう言えばよかったかな」と思うことは、毎回あります。日々学習です。

3章

議会答弁の基礎体力

簡潔明瞭に答弁するには、基礎体力を地道に高めることが大切です。市町村の日常業務は、1人でできることは限られているというのは、みなさんも経験されていると思います。議会答弁も同じです。課長をはじめとする管理職個人の基礎体力づくりだけでなく、課などチーム力向上もセットにして取り組みましょう。

1 課長としての「基礎体力」とは？

❶ 新任課長の不安は誰もが通る道

　新任課長が議会答弁をいきなりできるものではありません。まずは課長としての基礎体力をつけることが前提です。ここで言う「課長にとって必要な基礎体力づくり」を整理すれば、次の表のとおりです。

図表3-1　新任課長のための基礎体力づくり

- 傾聴はフェアに
- 明瞭簡潔に語る
- 知識は幅広く
- 景色を見る
- データを読む
- 歴史に学ぶ
- 対話しよう
- 理論を構築
- 未来を予測

　この「基礎体力」は、「ストーリーを語る」ために必要なものです。課長は、守備範囲において、住民の生活がどのようになるのか、どう良くなるのかというストーリーを持っているべきです。基礎体力がつけば、自信をもってそのストーリーを語ることができます。事業の詳細に気を取られすぎると、全体が見えなくなりがちですが、課長は、守備範囲をトータルで把握する必要があります。実は、これが、議会答弁のコツなのです。そのための「基礎体力」だと思って、コツコツ鍛えていきましょう。

❷ 基礎体力づくりは、周りの力を借りる

課長として新しい職場に着任したけれど、課の仕事がよくわからない間は、漠然と不安です。「5～6月には議会の出番がやってくる！」と焦る気持ちはわかりますが、**慌てる必要はありません。「1か月半もある！」**と考えれば、**大丈夫**です。

課長になるまでに、職員としてさまざまな経験を積んでいます。組織の規模や異動回数によって違いはありますが、採用から20～30年前後の方が多いと思います。新しく着任した課の主な仕事も少しは聞いたことがあるでしょう。

行政の施策や事業の多くは、行政内部での連携が必要な場合が大半で、長く働いていると何らかの知識はあるはずです。また、具体的な連携を通じて、人的ネットワークも構築できています。このあたりは、規模が小さい市町村職員のほうが強い部分だと思いますが、ともかく、課長になった時点で、議会対応をする力はあると考え、自信をもって大丈夫です。

そのうえでも、**知識を高めること**が**最優先**だということは言うまでもありません。議会答弁の大前提は、正しい知識です。答弁での絶対 NG は嘘を言うことです。嘘を言わないために、必要な知識を高める。知識を高めるために、図表3-1にある傾聴や対話など、「人」を巻き込んだ研鑽を積む。こうすることで、新任課長が議会答弁するために必要な「基礎体力」が高まります。

あまりにたくさんの必要な「基礎体力」があって、少し気後れしてしまうかもしれませんが、大丈夫です。1つずつできるようになればよいし、1人でやろうとはせず、上司、部下職員、関係者のみなさんの力を借りて、効率よく、基礎体力づくりをサクサクと進めましょう。**そして、何よりも「教えて！」と明るくお願いできれば OK** です。

2 答弁デビュー時の 経歴差はすぐ追いつける

持ち上がり、出戻り、いきなりの3タイプ

　議会答弁デビューをどのように迎えるかは、人によってさまざまです。管理職デビュー、特に、課長デビューと同時にやってくることが多いものの、大きくわけると、「持ち上がり」で課長になったか、「出戻り」で課長になったか、まったくはじめての部署で「いきなり」課長になったか、の3パターンがあるでしょう。経歴によって基礎体力に差はあります。周囲との差を気にしていても仕方ありません。重要なのは、限られた時間をどう活用し、自身の基礎体力をどう高めていくかです。

　パターン1：「持ち上がり」の人は、担当していた業務について詳しいので、その部分はストレートに強みになります。ただ、その部分へのこだわりは、いったん、横に置きましょう。なぜなら、管理職として課全体を見渡して、担当する施策を広い視点で考え、語れるようにする必要があるからです。

　パターン2：「出戻り」の人は、空白期間があります。全くはじめてではないと言っても、アップデートが必要です。劇的に業務が変化していることがありますので要注意です。たとえば、新人のときの職場に課長や課長補佐として戻ってきたら、アップデートに加えて、管理職としての全体への視点が必要です。

　パターン3：「いきなり」の人は、言うまでもなく、知識のストックがないので、初期は大変です。しかし、不利だと思う必要はありません。すぐに追いつけます。上司や部下に教わりながら、施

策、事業を理解し、係長が困っていれば一緒に行動するなど、頭と体を動かすことで、基礎体力を高めます。

図表3-2 管理職への昇任パターン比較

パターン1　課内で持ち上がり

2020年度　　　　　　　2021年度
○○課　○○係長　→　○○課　課長 or 課長補佐
〈特徴〉　○○係の業務はよくわかるが、ほかの係や部や課全体という視点は弱いので、ここを補強する。初期は有利。視野を広げる必要があります。

パターン2　以前経験したところに出戻り

2010〜2012年度　　　　　2021年度
○○課　○○係長　→　○○課　課長
〈特徴〉　在籍時から約10年経過しており、制度改正など、ずいぶん変わっている。ほかの係や部や課全体ははじめて。アップデートと全体の視点を補強する。

パターン3　はじめての部署でいきなり管理職

2019年度　　　　　　　2021年度
××課　課長補佐　→　○○課　課長
〈特徴〉　過去に在籍したことがない課で課長になり、状況がよくわからない。1つずつ地道に把握し、課長補佐や係長から学ぶ。

和歌山市健康局健康推進部長・上野美知さん資料を加工

答弁デビューひとくちメモ

　答弁デビューから卒業までの間に何回かの人事異動があり、異動して最初の議会はデビュー時に似ていると思います。私の場合、2020年4月の人事異動はパターン2で、12年ぶり戻ってきたところ、制度が大きく変わっていましたので用語の理解と整理からスタートでした。

3 議会答弁に使える知識を高める工夫

❶質問取りよりも日頃の努力

　議会答弁の日が近づき、事前に答弁調整をすることは、議会答弁を的確に行うための手段に過ぎません。

　答弁調整をするかしないかは、市町村の組織風土、慣例によって千差万別です。本書では質問取りや答弁調整のテクニック解説は割愛しますが、綿密な答弁調整をする場合は、当該市町村の慣例等を、上司や先輩の蓄積からノウハウを学ぶのが基本です。

　では、この本で何を書くかというと、日頃の準備です。地道に知識力を高めることが、議会答弁の王道だからです。では、限られた時間に、どう高めるか。まずは、**基本資料を選ぶところから始まります。**

　ICT 環境が整っている現代社会では、資料は膨大にあり、多様な意見や考えがネットにあふれています。たとえば、幼児教育・保育で「保育、待機児童」とインターネット検索をすれば、数十万件以上がヒットし、多種多様な情報を読むことができます。ただし、限られた時間で必要な知識や情報を探すのは難しいです。

　市町村職員にとって法律、条例、規則は基本ですが、いきなり読んで理解するのは極めて難しいです。幼児教育・保育を例に挙げると、児童福祉法、子ども・子育て支援法、就学前の子どもに関する教育、保育等の総合的な提供の推進に関する法律（いわゆる「認定こども園法」）など多岐にわたります。これらの法律の間でも複雑に相互関係がありますから、まずは法律を読んで知識

を高めようという方法は、効率的とは言いがたいです。

❷ 住民・利用者目線で知識を高める

　効率よく知識を高めて、答弁の基礎体力づくりをする第一歩は、**住民・利用者目線の資料を使って、知識を増やすことです。**

　住民用の資料を読んで基礎的な知識が身についたところで、法律や条例等の必要な箇所から読み始めましょう。慣れてきたら、全体を読み込めば大丈夫です。とにかく、まずは、住民・利用者目線で情報収集をして、知識を高めます。なぜ、それが必要なのか。**議会での質問は、住民・利用者目線であることが一般的だから**です。なかには、専門家の視点の質問もありますが、多くは、住民・利用者からの意見や相談が質問の出発点です。

　たとえば、幼児教育・保育の例で考えます。保育所・認定こども園の利用申込から決定までのプロセスや根拠は、法律・条例等にありますが、まず、市民向けの案内文書を読み込みます。対象児童、施設の名称や定員、手続き書類、選考方法などが一冊にまとまっていて、わかりやすいからです。そして、これらの根拠になる法律や条例などを参照すれば、知識が高まります。さらに、この例でいえば、厚生労働省や内閣府など、国の省庁のサイトに載っている制度説明も良い教材です。図になっていることが多く、議会出席時の手持ち資料としても有効活用できます。

図表3-3　知識を高める素材

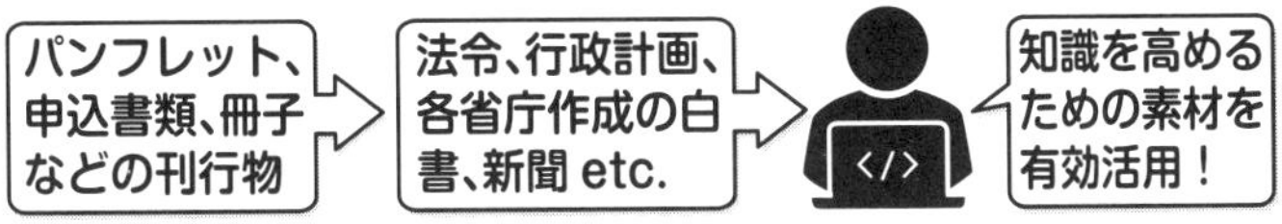

パンフレット、申込書類、冊子などの刊行物　→　法令、行政計画、各省庁作成の白書、新聞 etc.　→　知識を高めるための素材を有効活用！

4 ∷ 前任者の話を傾聴する

❶最初の傾聴は「前任者」

課長就任後、最初に「傾聴」すべきは前任者の話です。その話のなかから、議会答弁に役立つ情報を獲得しましょう。

人事異動が4月1日付で行われる場合、3月後半には内示や発令が行われます。前任者は引継ぎ書を作成し、後任者に引継ぎます。引継ぎは、議会答弁に役立つ情報を得る絶好の機会です。

前任者の在籍期間にもよりますが、前任者は課の主要事業の課題を列挙し、その説明と対策案を、主観的に述べます。「○○議員に議会で指摘されて、困った！」などというのもあるでしょう。前任者は解放感に浸っていて、「後のことは、よろしく！」となります。これはお互い様です。

引継ぎ時は、過去に実務経験がある場合を除いて、前任者とは知識量も経験値も決定的に違いますから、話を聴いてもよくわからないというのは仕方ありません。1～2か月後、つまり、異動して最初の議会の頃に「○○議員の話は、そういうことだったのか！」と思い出せるようにするしかありません。引継ぎ書はありがたくいただき、メモを残しておきます。その際、できる限り、**「○年○月定例会、○○常任委員会」など情報を取得した時点を明らかにしておくと、より使える情報になります。**

❷ 前任者からの情報を整理する

引継ぎは、前任者の視点で整理した情報ですから、**議会答弁に使えるようにするには、自分なりの整理が必要**です。たとえば、図表3-4のように整理しておくのはいかがでしょうか。前任者からもらえる資料にもよりますが、紙でもらったら目立つように付箋を貼るとか、表のように自分で整理するとよいでしょう。

課長は交代しても、執行機関として施策・事業を実施し、議会も続いています。「課長が変わったから、よくわかりません」という答弁は NG です。

図表3-4 引継ぎ情報整理事例

時期	場面	内容
○年×月定例会	本会議（○○議員・個人質問）	○○事業について、実施に向けて鋭意検討と部長答弁。
○年△月定例会	○○常任委員会	△△事業の利用者増なので、受け入れできるように対応すると課長答弁。
○年○月定例会	○年度決算審査	不用額が多いので、事業を見直すように要望あり。

答弁デビューひとくちメモ

　市町村によって管理職の範囲が異なりますので、本会議や委員会で答弁のために出席する職員の範囲が違います。また、委員会室に入るのは課長だけで、課長補佐等は室外の待機スペースにてスタンバイするという運用や、答弁は課長に限定するなど、各地の市町村管理職で話をするとその違いに驚きます。

5 チームメンバーの話を 先入観なしで聴く

❶ フェアに聴く

　前任者からの引継ぎを終え、4月1日から○○課の課長になりました。議会シーズンが到来するまでの1〜2か月という貴重な期間は、上司、部下職員、関係者との対話を重ねるというプロセスに時間を使います。**まずは、先入観ゼロで、フェアに傾聴する**ことがポイントです！

　たとえば、前任の課長から「○○事業について、議会から指摘されたことがあって、担当者に改善するように何度も指示したけど改善が見られない」という引継ぎを受けることがあります。話が噛み合っていないだけなのかもしれませんし、議会からの指摘が担当者に正しく伝わっていない可能性もあります。このような場合は、急がば回れの典型例ですから、じっくり対話することが有効です。

　知識を増やす方法はいろいろとありますが、特に大切にしたいのは、ともに仕事を進めるチームのメンバーの話を傾聴し、対話することです。部下職員であるチームのメンバーは、新しい課長をチームの代表者として迎え入れ、期待しています。彼らは前任者のもとで実務を経験していますから、新しい課長に対して、多くの資料を用意して、課の業務内容や課題を説明してくれます。困っている課題については、ときには情熱的に説明されることもありますが、実は、それが議会答弁につながることがあるので、先入観なく、フェアに聴きましょう。

❷ 完璧を求めず、わからないことは聴く

新しい課の仕事について、1回で完璧に理解できたら最高ですが、なかなかそうはいかないものです。たとえば、何年も実務を担当している係長にとっては普通のことでも、課長にはそうではないこともあるでしょう。そこは、ストレートに尋ねましょう。**疑問は答弁に役立ちます。**

同時に、課長として必要な情報の範囲を、自分なりに整理しながら、聴いていきましょう。事業の隅々まで隈なく完璧に理解しようとは考えず、何のための事業なのか、住民の生活がどうなのかなど、実例を挙げながら自分の言葉で語ることができるように、聴き、学び取ります。これが基礎体力になります。

チームは課の中だけではありません。関係者、関係機関のみなさんもチームの一員です。たとえば、幼児教育・保育であれば、認定こども園や保育所などの施設長など運営に携わる人たちが含まれます。

議会答弁の場にあてはめてみましょう。**「〇〇事業について、最近の利用状況、成果について、説明を求めます」というタイプの質問には、まさにチームでの傾聴・対話・疑問の洗い出しのプロセスで会得した答弁が役立ちます。**このプロセスによって、結果として、議会答弁で必要な知識を獲得していることにもなります。

図表3-5 傾聴から答弁力向上まで

フェアに聴く！ → 自分でも調べる → 疑問点はチームで解消 → チーム力も答弁力も UP

6 日常的な対話は 議会答弁に直結

❶答弁は1年のうち約1か月分！

　議会答弁は、議会開会中に本会議や委員会などの場で行うものです。1年間でどれくらいの日数になるか数えてみます（図表3-6）。

　市町村の規模によって議員定数が違うので、一般質問や常任委員会の数も差があります。数字はそれぞれの実態に合わせて置き換えてみてください。図表3-6の例でいえば、**1年間のうち約1か月分が答弁の出番です。つまり、残りの約11か月で、基礎体力を高めておけば、慌てる必要はありません。**パソコンに向かう時間を少し減らせば、職員をはじめ、さまざまな人と対話する時間は十分あります。特に、係長や担当者を交えた打ち合わせを月1〜2回、定期的に開くほか、気になることがあれば、すぐに声

図表3-6 開庁日数

市町村開庁日
　1年365日、年間の土日祝は120日前後
　開庁日は245日前後

市議会が年4回の定例会とすれば、
　①本会議一般質問3〜4日×4回＝12〜16日
　②委員会1〜2日×4回＝4〜8日
　　①＋②＝16〜24日　←　約1か月分が議会答弁の出番

★残りの11か月分、220〜230日前後をどう過ごしますか？

掛けして対話するのも一案です。このように、1年間のスケジュールを俯瞰して、議会の定例会と定例会の間に、対話の時間をこれくらいは持とうなど、タイムマネジメントすることが大切です。

❷ まずは職員との対話が基本

　担当している施策や事業の方向性が明確であれば、ブレずに安定した答弁ができます。一方、方向性が曖昧なときには、ブレて意味不明な答弁に陥ります。

　この「ブレ」を回避するためには、まずは、職員との対話です。施策や事業を展開することによって、住民の生活がどのように良くなるのかというストーリーを共有すること。そして、課題を解決するにはどうすればよいかを話し合いで共有すること。課長と係長では課題のとらえ方が違うことはありますし、新任課長として着任した時点では、課題そのものがよくわからないこともあります。大きな課題は、最初の議会までに集中的に話し合いをし、これまでの経過や今後の方向性を含めて共有しておけば安心です。内容によっては、市町村長、副市町村長を交えて共有します。

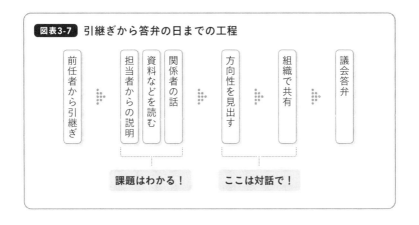

図表3-7 引継ぎから答弁の日までの工程

前任者から引継ぎ ⋯ 担当者からの説明　資料などを読む　関係者の話 ⋯ 方向性を見出す ⋯ 組織で共有 ⋯ 議会答弁

課題はわかる！　**ここは対話で！**

7 議会答弁で必要なデータを編集・加工する

❶ 必要なデータを見極める

　市町村には資料もデータも膨大にあります。課長がすべての
データを把握しつくすことは不可能ですから、見極めて、必要な
データだけを手元におきます。

　では、一体何が「必要なデータ」なのでしょうか？　それは、
各市町村で作成している実施計画や主要事業計画に使っている指
標、それを構成するデータです。これを事例で考えてみます。た
とえば、その課長の守備範囲が就学前児童に関する子育て支援で、
幼児教育・保育から児童虐待防止・対応まで幅広く所管している
とします。

　この事例でいえば、子育て支援の1つとして、幼児教育・保育
があります。都市部を中心に待機児童の解消は課題ですので、当
然、議会でも取り上げられることが多くなります。必須のデータ
には待機児童数はもちろん、待機児童対策として行っている定員
拡大に関するものも必要で、たとえば施設数、定員、人口などに
関連するデータになります。

　図表3-8の下の表は、対象人口と保育申込児童数等を整理し
たものです。保留児童数、待機児童数だけを見ると保育利用の拡
大が見えません。ここでは人口比、申込比も加えて、5年前との
比較をしています。このように整理すれば、「保留児童数は増減
を繰り返しているものの、保育利用児童数は増えている」と明確
に答弁できます。

図表3-8 必要なデータの整理

就学前児童の子育て支援

| 幼児 教育・保育 | 子育て支援 サービス | 地域子育て 支援拠点 | 児童虐待 防止・対応 |

ジャンルごとに、取り出せたら大丈夫！

◆**必須のデータ ※過去5年間程度**
・子ども・子育て支援事業計画の計画値と実績値
・施設数(種類別、公民別)
・教育利用、保育利用の定員、利用児童数(市全体・年齢別)
・待機児童数、保留児童数(年齢別)、人口との比較
・今後の計画 など
◆**取り出せるようにしておきたいデータ**
・施設ごとの定員、利用児童数、職員数
・保育利用調整の基準
・施設認可の基準 など

〈事例〉保育利用の推移（各年度4月1日）

	2015 年度	2016 年度	2017 年度	2018 年度	2019 年度	2020 年度	5年前 との比較
対象人口(就学前児童数)	12,877	12,896	12,628	12,456	12,237	12,166	−711
保育申込児童数	5,209	5,479	5,601	5,745	5,910	6,087	878
人口比	40.45%	42.49%	44.35%	46.12%	48.30%	50.03%	9.58%
保育利用児童数	5,071	5,299	5,419	5,576	5,706	5,824	753
人口比	39.38%	41.09%	42.91%	44.77%	46.63%	47.87%	8.49%
保留児童数	138	180	182	169	204	263	125
申込比	2.65%	3.29%	3.25%	2.94%	3.45%	4.32%	1.67%
待機児童数	19	47	63	18	0	0	−19
申込比	0.36%	0.86%	1.12%	0.31%	0.00%	0.00%	−0.36%

（八尾市数値をもとに加工）

※利用できない児童を保留児童と言い、保留児童のうち一定の要件を満たす児童を待機児童と言います。

8 データを読み、社会の動きを関連付ける

❶ 説得力のある議会答弁をどう作るか

　データは自ら語りません。データをどう読み、何を語るかは、議会答弁の場ではあなた自身にかかっています。**議会答弁では、数字を多用する必要はなく、傾向を中心に語るほうが、聴いていてわかりやすい**です。数字を機械的に言うのではなく、傾向を分析・要約したほうが、説明や説得する材料に使えます。

　議会での質問は、住民の日常生活における諸問題が出発点になっています。先ほどの子育て支援でいえば、少子化と言われて久しく、国を挙げて保育の受け入れ枠を増やしていますが、都市部を中心に、追いつかないのが現状です。これは日本社会の動きですが、同様に、市町村では「わがまちではどうなのか」が論点になります。こうした場合は、図表3-9のように比較して傾向

図表3-9 わがまちの保育事情の特徴整理

項目	日本	○○市
出生数	減少	横ばい
就学前児童の人口	減少	減少
合計特殊出生率	横ばい	横ばい
保育利用申込者数	増加	増加
施設数	増加	増加
待機児童	増加	減少
保留児童	増加	横ばい

を示すことで、自治体の特徴を明らかにしてストーリーを組み立てます。そうすると、説得力が高まります。

❷データはストーリーを語るためのもの

ストーリーを語るとき、必要な素材としてデータを使っていきましょう。❶の事例では次のようなストーリーになります。

「就学前児童の人口は減っていますが、女性の就業率が上昇しているので、保育利用は増加傾向。本市では、認定こども園などにおける保育利用の枠拡大に努めてきました。就学前児童の保育利用の割合が、近年高まっています。その結果、子どもが健やかに育ち、保護者が安心して働いて子育てできるようになってきています」

「待機児童をゼロにしなければならない！」と言われっぱなしにならないようにするには、こうした議会で使われるデータを前もって予想し、これらに結び付くように業務を組み立てることも必要です。この場合でしたら、認定こども園などの保育利用の枠を着実に拡大すれば、その点をデータに反映でき、業務上はもちろん議会答弁でも好循環になります。住民が子育てしやすい状況になることは、住民ニーズに合致します。議会答弁は、このように、業務にも必ず役立つヒントを与えてくれます。業務がうまく回っていれば、自ずと議会答弁は怖くなくなります。

また、未来予想のデータも重要です。行政の各分野では、○○計画というものをつくることが多くなりました。そのなかには、目標値を定めていますから、それに向かうストーリーがあるはずです。そのストーリーを語ることは、議会答弁のためというだけではなく、まちづくりそのものといえます。

9 現場の景色をよく見る

❶ 現場に行けば、百聞は一見に如かず！

　自信をもって議会答弁をしたいなら、**担当している施策や事業の現場に行くことをオススメ**します。議会での質問は、現場の実情が出発点になっていることが少なくないからです。

　役所のなかで、職員と対話を重ね、基本を理解し、法律や条例を読み込み、資料やデータを読み込むことは基礎体力をつけるうえで必要な手順です。しかしできれば、時間をつくって現場に出向くことで、利用者視点を持ちやすくなります。

　先ほどからの幼児教育・保育を例にしてみます。認定こども園に出向き、子どもたちの姿を見ると、施設整備を促進して、1人でも多くの利用希望児童が入園できてよかったと施策の目的が達成できていることを自分で確かめることができます。また、認定こども園は比較的新しい制度ですので、保育利用と教育利用のそれぞれの子どもたちの育ちは、教育・保育要領から知識を高めるのも大切ですが、現場から学ぶことが多いです。

　成果だけではなく、課題もわかります。園長や保育教諭から園運営に関するさまざまな出来事や考えを聴きます。たとえば、配慮を必要とする子どものケアをどのようにしているか、保護者対応やコロナ禍のなかでの教育・保育での苦労もあります。法律や条例、資料だけではわからないことも、現場にはたくさんあります。ほかの分野でも、それぞれの現場に携わっている人たちがいますから、それぞれの景色、現場があります。

❷ 来庁者や電話のやりとりにもアンテナを張る

　最近の相談傾向や問い合わせが多い内容などには、住民のニーズが高い課題が多くあります。議会質問につながるものも少なくありません。これらは、結果として、答弁につながっていきます。

　役所には、日々、多くの人が訪れ、電話もかかってきます。課の職員が1件ずつ丁寧に対応しています。世間では急速にオンライン対応が広まっていますが、まだまだ窓口対応や電話対応があります。市町村は住民に身近な基礎自治体だからこそ、住民と職員が接する場面が日常業務です。簡単な問い合わせや定番の手続きが大多数ですが、時には、長時間の相談になっている、来庁者の顔が険しい、声を荒げている、急に似たような問い合わせが多発するなど、変化があります。

　課長が、これらに直接対応することは少ないでしょうし、課長には課長の仕事がありますから、ずっと見ているわけにもいかないでしょう。しかし、自席で仕事をしている時間を活用して、来庁者がどのような話をしているのかを聞いたり、係長や担当者から何が起きているのかを聞いたりすることは大切です。

答弁デビューひとくちメモ

　地域の各種団体の活動への財政支援としての助成金や補助金の事例ですが、交付申請書や実績報告書を読めば、いつ、どこで何をするのかはわかります。しかし、その活動の具体的な姿まではわかりづらいです。時間に限りはありますが、実際に事業を行っている場に出向き、担っている人たちと会話をするだけでも、気づきが多いです。答弁に直接使うことはないかもしれませんが、この補助金のことを答弁するときには、現場の景色が浮かぶか、対話があるかどうかで、答弁の深み・説得力が劇的に変わります。

10 歴史から学んで、未来を語る

❶ 施策や事業には経過がある

　言うまでもありませんが、施策や事業は過去から未来へとつながっています。経過を度外視すると、答弁の場面で窮します。経過は2つの視点で整理しておくと、議会答弁に使えます。**1つは国の政策や社会の変化、もう1つは市町村の施策や事業**です。

　課長に就任し、担当者からの説明を聞いたり、資料を読んだりすると、「こうしたらよいのになぜしていないのか？」と疑問がよく湧きます。**できるのに実施していないのか、実施したいけれど理由があってできていないのか。この違いは大きい**です。

　できるのに実施していない場合は、内容にもよりますが、議会で質問されやすいと考えておきます。新たに着任した課長が「なぜ、していないのか？」と思うことは、議員から見ても同じである可能性が高いです。よくよく聞けば、以前にも議会での指摘があるという場合もあります。

　こうした課題は、職員と対話し、できることは実施する方向に向けて、お互いが納得し、未来へのストーリーをつくるに限ります。そうしないと、同じことを繰り返し、課長は意味不明で、不幸な答弁をすることになります。たとえば、利用希望が多い相談事業で、回数を増やせばニーズを満たせますが、その計画がないという事例です。原因を聞くと、予算を確保できたとしても、実施できる施設が市内には少ないので、すぐにはできないとの説明。市内に限らず事業者を増やせば、ニーズに応えることができると

いう方策を見出せば、先が見えてきます。そして、議会で質問されても答弁ができます。

❷ 過去の議事録から学ぶ

　議会の議事録チェックは大切です。最近は、議事録はホームページに掲載されていることが多いので、ずいぶん、確認しやすくなりました。過去5年間程度のすべての議事録を読み込むのは、話題の変遷を把握できますが、相当な時間を必要とします。オススメのチェック方法を紹介します。

　まずは、**委員会**。出席する委員会の過去3〜5年程度の議事録を一通りチェックする。何が議題で、どのような議論があったのかを把握すれば、傾向はわかります。

　本会議の一般質問は、さらに量が多いでしょうから、**キーワード検索機能を使って関係する質問と答弁をピックアップ**するのがよいでしょう。あるいは、議員や会派を軸にさかのぼっていくのも一案です。議員は何を実現したいと考えて質問しているのか、執行部は誰がどのように答弁しているのかを読み取ります。

　特に、現時点とは考え方が違う場合は要注意です。

図表3-10 過去議事録の活用方法

時系列で調べる場合	質問者で調べる場合
・当初予算 ・決算審査 ・類似事例 　（前回の条例改正時）	・会派 ・議員名(質問者) ・キーワード 　（ほかの議員が質問し 　ている場合）

11　簡潔明瞭に語る力をつける

❶ 箇条書きで要点を書く習慣

　1章でも述べましたが、議会答弁の基本は簡潔かつ明瞭に話すことです。**簡潔に話すには、簡潔に書く習慣をつけましょう。**

　市町村では、日常的に多くの文書を作成しています。会議や打ち合わせ資料、計画書や報告書、市民向け通知文書、伺書など多様です。ところが、ポイントがわかりにくい資料が結構あります。

　議会答弁も同じです。聴きやすくわかりやすくなくてはなりません。簡潔に話す前提には、簡潔に書く力が必要です。読みやすくてわかりやすい書き方ができれば、話せるようにもなります。

　書くのが苦手だという人にオススメは、箇条書きでの整理です。「今さら書けと言われても」と思うかもしれませんが、長々と書くのをやめて、箇条書きでポイントを整理してみると、簡潔明瞭に話せます。たとえば、打ち合わせ資料を作るときに、Ａ４サイズ５〜６枚で文章のみを書いているとすれば、冗長で、的が絞られておらず、わかりにくい資料である可能性があります。結論を最初に箇条書きで書き、その理由もポイントを箇条書きにし、関連資料は後ろにつけておくという工夫だけでも、簡潔に文章を書く力、ひいては簡潔に話す力が身につきます。

❷ 簡潔明瞭に語るには、聴く力も必要

　簡潔に話すコツをつかめたら、それを補強するのは聴く力です。

質問を聴いたときに、答えなければならないことを瞬間的に整理できたら、簡潔明瞭に話すこともできます。

　議会に限らず、さまざまな説明会や会議などで、質問を受けることがあります。「この質問者は何を知りたいのだろうか」を聴き取り、答えています。ところが、質問を取り違えてしまうと、いくら簡潔明瞭でも「そんなことは聞いていない」という怒りを買ってしまうことがあります。議会答弁も同じです。

　議会答弁の基本は、**聞かれていることに答えること**です。逆にいえば、聞かれていないことは答える必要はありません。サービス精神旺盛な職員が、聞かれていないことを長々と語ることがありますが、不要です。語っているうちに、肝心の部分を答弁していないことがあり、質問と答弁が噛み合わないという不幸な事態に陥り、残念な答弁になってしまいます。

　たとえば、「○○事業は利用件数が少ないですが、本当はニーズがあると思う。周知が足りないのではないですか。どう考えていますか」という質問だとします。ありがちなのが、事業の成果を長々と答えてばかりで、肝心の広報戦略が不明確な答弁です。「広報はホームページを中心にしてきましたが、今後は SNS を活用するほか、公共スペースで目立つポスター掲示など、積極的に広報していきます」と簡潔に答弁すれば OK です。

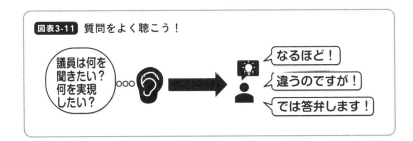

図表3-11 質問をよく聴こう！

議員は何を聞きたい？何を実現したい？

なるほど！

違うのですが！

では答弁します！

12 理論的になれば 答弁しやすい

❶ 理論的に話し、説得力を持たせる

やや長めに答弁すること、つまり、「語る」こともときには必要です。そのためには、理論的に正確に述べるスキルも持っていたいものです。

「待機児童の解消が全く進んでいないなか、公立保育所、公立幼稚園を廃止して、民間の認定こども園にするのは反対。計画を撤回すべきである。市としての見解を！」という質問に、あなたならどう答弁しますか。

こうしたとき、**「現状・課題→解決方策→結論」がオススメ**です。私なら、次のような答弁になります。

> 「近年、保育利用が増え、幼稚園利用が激減しています。保護者の就労形態の違いで利用施設が違うよりも、就学前児童がともに学び育つ認定こども園へ移行するほうが、子どもたちにとって最良で、待機児童の解消にも効果的です。また、公立だけでなく、公民連携により進めるほうが効率的です。そのため、計画の撤回は行わず、着実に進めます」

一方、**「結論→現状・課題→解決方策」**というのもアリです。その場合は、次のようになります。

> 「計画は撤回しません。近年、保育利用が増え、幼稚園利

用が激減しています。そのため、保護者の就労形態の違いで利用施設が違うよりも、就学前児童がともに学び育つ認定こども園へ移行するほうが、子どもたちにとって最良で、待機児童の解消にも効果的です。また、公立だけでなく、公民連携により進めるほうが効率的です」

❷「語る」タイミングを見逃さない

　答弁の基本は「簡潔に」ですが、**「語る」タイミングが到来したら、メリハリをつけて語る答弁が必要**です。もちろん、冗長にならないように語るのが前提です。

　特に、施策や事業の転換点、先の事例でいえば、公立施設の集約化は、手法を大きく変えるという節目です。当然、賛成も反対もあります。なぜ集約と民営化をするのか、そうすることで市民生活がどのように良くなるのかというストーリーを、質問者である議員だけでなく、ほかの議員、執行部席にいる人たち、部下職員、関係者、後で議事録を読む人たちが、「なるほど」と思えるように答弁しなければなりません。

　たとえば、デジタル化に関する予算では、「デジタル化は必要ですが、馴染めない人たちにはどうするのですか？」という質問はよくあります。超高齢社会のなかで、議員がそう考えるのは、当然です。答弁は、「社会の劇的な変化→必要性→手法→弱者への対応」という流れで答弁する必要があります。

　他者の答弁を聞いていると、「いつもスラスラと話していてうらやましい」と思うことはよくありますが、完璧さの背景には、課題を的確に認識して、住民の生活をより良くするために、日常業務のなかで職員や関係者と語り合っているストーリーがあるからです。

課長デビューの議会

　あっという間に4月が過ぎ、ゴールデンウィークが終われば、議会答弁デビューの日が着々と近づいてきます。特に、課長として、はじめて答弁するときはドキドキするものです。私の場合は、課長になる前年に別の課で参事としての答弁経験があるのでマシだったのかもしれませんが、それでも緊張感が高まりました。

　2011年6月下旬、総務常任委員会にて、市民ふれあい課長として答弁デビューしました。4月の組織機構改革で再編された課で、課としてのまとまりは弱いうえ、着任前に想像していたよりも、守備範囲が広くて驚きの毎日。そして、全容を把握する間もなく議会シーズンが到来しました。しかも、6月定例会では市長選挙後のいわゆる肉付予算の補正予算提案。私の守備範囲では、町内会加入率低下に対する対応を検討するための経費などがあり、ドキドキしながら常任委員会の日を迎えました。この経費は、ぜひ検討したいという強い意志がありましたから、答弁に窮することはありませんでしたが、課長という課の責任者としての答弁には重みがあると実感した瞬間でした。

　答弁がすぐにできるようになる特効薬はありません。質問があらかじめわかっていて、用意したセリフを述べるだけなら、すぐにできます。ところが、議会答弁はそうではないので、地道に、職員と議論し、関係者と対話することが大事だと学ぶ場面でした。

4章

議会答弁の
場面別解説

市職員としての経験者かつ実務者視点で、実際の答弁場面で起こることを解説しています。規模が大きい市役所では、本会議は局長や部長、委員会は課長という答弁のすみわけがありますが、規模が小さい市町村では、部長というポストがない場合が多く、課長が本会議も委員会も答弁しています。所属の市町村の組織・ポストに置き換えてお読みください。

1 本会議一般質問の答弁案を作成する

❶ 答弁案作成までの流れ

　議員が本会議で一般質問を行う場合は、発言要旨等を記した発言通告書を提出し、「発言通告」を行う必要があります。この発言通告を経て、議員から質問書が出てきます。この質問書の有無、形式、発言通告が行われるタイミングは自治体によって相当差があります。議会ごとに作法がありますから、必ず、自分の市町村の手順を、上司や先輩から学んでください。以下は、質問書がペーパーで出てくる場合の一般論です。

　質問書が出てきたら、まずは落ち着いて読みます。議員の一般質問はそれぞれ異なり、所属政党による特徴もあります。議員の着眼点、課題認識、行政に対して何をお尋ねで何を期待しているのかを、読み取ります。

　1人の議員の質問のなかで、いくつかの課題を組み合わせて質問されている場合は、どこが自分の担当かを特定して、答弁案を書き始めます。自分の担当ではない箇所について、不用意な答弁案を書かないように気をつけましょう。場合によっては、担当と思われる部署に確認を取ってもよいでしょう。本会議答弁案を作成するのは、課長や課長補佐、係長だと思いますが、本会議一般質問では、議員が執行機関の長に対して質問している場合は、**長の視点で答弁案を作成するということをくれぐれもお忘れなく。**必死に取り組んでいるうちに、忘れがちです。

　このときの注意点は、**①数字は正確に、②過去の質問経過を調**

べて矛盾しないように、③時点修正があるならわかりやすく述べる、④簡潔にするということです。答弁案の作成は、「書く」という作業になりますから、長くなりがちです。しかし議場では、執行機関の長が答弁し、質問者を含む議員、議場にいるすべての人が聴いている場面だということをお忘れなく！

❷ 主語に注意！

　本会議一般質問の場合、議員からの質問の通告があり、執行機関の長の答弁案を担当部・課で作成することが一般的です。

　当然、担当部・課の職員、部長や課長は、執行機関の長、つまり、**市長や町長等という立場での答弁案を作成しているはずですが、作成しているうちに、どうしても、部長・課長の答弁になっていることがあります。**たとえば「関係課と連携して推進してまいります」は、課長視点です。執行機関の長の場合は「庁内の各部が連携して進めてまいります」となります。

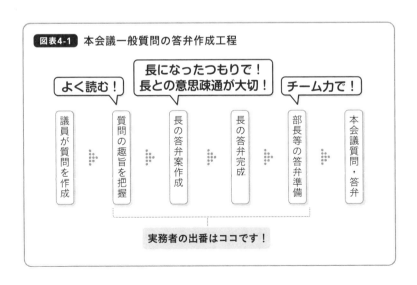

図表4-1 本会議一般質問の答弁作成工程

よく読む！

長になったつもりで！
長との意思疎通が大切！

チーム力で！

議員が質問を作成　→　質問の趣旨を把握　→　長の答弁案作成　→　長の答弁完成　→　部長等の答弁準備　→　本会議質問・答弁

実務者の出番はココです！

2　一括質問一括回答方式、一問一答方式、どう違う？

❶一括質問一括回答方式は、答弁漏れに要注意！

　本会議一般質問には、「一括質問一括回答方式」と「一問一答方式」があり、質問者である議員が選択します。方式が違うと、答弁スタイルも変わります。

　本会議が行われる議場には、執行機関の長以外に、長から指名された議事説明員である職員がいます。市町村規模によって内部組織の形態が違いますが、副市町村長の直下に部があれば、一般的には部長が該当します。課が直下の場合は、課長です。

　一括質問一括回答方式では、議員がいくつかの項目をまとめて質問し、執行機関が各項目について答弁します。項目が広がると答弁者の人数が増えます。たとえば、

　「都市計画道路○○線は一日も早く着工すべきであるが、その見通しを答弁されたい。また、道路の整備にあわせて、商業施設などを誘致すれば地域の活性化になり、新たな雇用を創出できて、人口増につながると考える。人口減少が続くなか、ぜひ積極的に進めていただきたいが、検討状況を説明されたい」

　という一括質問とします。答弁するのは、都市計画道路、商業、雇用、人口減少対策を担当する議事説明員です。これはシンプルな事例ですが、実際はもっと長い質問になります。執行機関の長に対する最初の質問は事前に質問書が提出されることが多いようですが、長の答弁を受けての再質問は、事前調整があるとは限りませんので、**「答弁漏れ」にならないように、質問をよく聴くし**

かありません。そして、議事説明員は、自分の守備範囲の質問が
あれば答弁しなければなりません。

　慣例として答弁調整をどの程度行っているのかは、上司や先輩
職員に教えを請うしかありません。

❷ 一問一答方式は、1つずつ、テキパキと答弁！

　**一問一答方式は、質問者である議員が、１つずつ質問するスタ
イル**ですので、答弁漏れに陥る可能性は下がります。

　先ほどの事例を使えば、「都市計画道路○○線の着工見通しを
答弁されたい」が一問になりますから、「○○線については、用
地取得がおおむね○割であり、着工までにはあと○年を要する見
込みです」と答弁します。その後、この都市計画道路のことで何
回かの質問・答弁のあと、商業施設、雇用の創出、人口増等の質
問・答弁へと続いていくのがよくある展開です。

　**一問一答方式の場合は、執行部が要領を得ない答弁をすると、
質問者である議員から見れば、同じことを繰り返して質問するこ
とになり、タイムロスにつながります。**一問一答方式、一括質問
一括回答方式のどちらでも、質問の制限時間は同じです。住民の
貴重な時間を無駄にしないためにも、問われていることに対して、
簡潔明瞭に答弁しなければなりません。

図表4-2 本会議一般質問の質問方式は2種類

一括質問一括回答方式
→　答弁漏れに注意！

一問一答方式
→　１つずつ
　テキパキ答弁！

3 答弁での検討と研究は使い分ける

❶ 検討します！

「検討します」は、答弁で使用頻度が最も多いフレーズです。**「お尋ねの内容について、するかしないかを役所で考えますよ」**ということですが、考える度合いによって答え方が変わります。

要望をすべて実現できる市町村は稀です。したがって、「ご要望は良いお話ですが、今はお金がないからできません。できそうになればしますよ」という場合にどう答弁するかです。

それぞれの事情によって何通りかありますが、**財政事情であれば「費用対効果を含めて検討いたします」といった答弁**になります。また、**ほかの市町村で実施しているのであれば、「先行して実施している市町村の状況を調査のうえ、検討してまいります」という答弁**になります。

このように、定番フレーズの「検討」は、どう検討するのかを含めて述べます。そうしないと、検討する気があるのかどうか、質問者は聴いていてもわかりません。市町村としての公式見解ですから、いい加減な検討はありえないのです。**至急に検討するのであれば「すみやかに検討いたします」**ですし、**しっかり検討するのであれば「鋭意検討してまいります」**を使います。

❷ 慎重に検討します！研究します！

「それは良いことだけど、どう考えても、財源がついてこない！」という提案・要望はあります。このときに使う答弁の定番フレーズは「慎重に検討します」「研究します」です。

どう使い分けるかは、かっちりと決まってはいませんが、**「慎重に検討します」は、制度上できなくはないし、ニーズもわからなくはないが、お金も手間も莫大で極めて難しいというとき**に使います。

一方、**「研究します」は、類似した事業があるなど、行政で本当にする必要があるのかは研究してみないと決めようがないとき**に使います。何をするにしても、原資は税金ですから、このように慎重な回答にならざるを得ないことも珍しくはありません。

明らかに不可能なものであれば、理由を述べて「実施できません」「いたしません」とします。答弁は市町村としての公式見解ですから、期待してもらっても「できないものはできない」というキッパリ答弁は必要です。検討という先送りをすると、後任者が困ります。そして、執行機関の長や補助機関が検討や研究と述べる以上は、行政として適切に検討・研究しなければなりません。

図表4-3 検討・研究使い分け

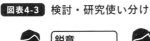 鋭意検討します！

 慎重に検討します！

 研究します！

| ・必要だと認識している
・実施に向けて積極的に考えているとき | ・必要ではあるが優先度は低い
・検討はするが、実施には慎重なとき | ・課題が多い
・否定はしないが、実施は極めて困難なとき |

4　市町村としての立ち位置を明確＆ポジティブに

❶議員によって答弁を変えるのはNG

　議員定数によって事情が異なりますが、定例会の一般質問や個人質問で、2～3人の議員から同じテーマを質問されることがあります。**この場合、質問する切り口や内容が違っても、ブレずに答弁することが肝要**です。

　ありがちな事例で考えると、行政改革の取り組みです。「○○事業の民営化に取り組む」と市町村が方針を打ち出せば、議員は住民生活への影響を心配しますから、当然、質問者が重なります。ただし、テーマが同じであっても、民営化に反対の議員と賛成の議員がいますから、質問の切り口が違ってきます。

　賛成派からは「民営化による効果は何か」「いつから実施予定か」などになりますし、反対派からは「民営化は利用者に悪影響だからしてはならない」という主張になります。どちらの質問にも「なぜ、民営化をするのか」「民営化により、どのようにサービス向上につながるのか」を明らかにしなければなりません。つまり、執行機関としての方針に沿って、賛成派の質問にも反対派の主張にもブレないよう答弁することが重要です。

　行政改革に関する取り組みは、市町村長をトップに十分に議論をしたうえで方針を決めていることが一般的でしょうから、ブレずに業務を進めていれば、議会答弁は問題なくできます。答弁がチグハグにならないように、要点の整理はお忘れなく。

❷ ネガティブ質問にはポジティブに答弁

　議会答弁は執行機関の公式見解ですから、計画や方針に基づいて簡潔明瞭な答弁が基本です。ネガティブな質問の場合、ネガティブな用語に釣られることなく、ポジティブに答弁します。

　質問者である議員は自分の言葉で考えを述べ、行政に対する要望を述べ、改善を求めてきます。何を訴え、どうしてほしいのかを読み取り、執行機関としての考えを簡潔明瞭に述べます。このとき、ポジティブに述べるように心がけます。

　たとえば、「○○事業の廃止は住民サービスの後退だ、ただちに復活すべきである！」という主張があるとします。○○事業は利用者が激減し役目を終えたので終了したとすれば、「○○事業については、近年、利用者が激減したので行政としての実施は役目を終えました」とキッパリ理由を述べます。次のことが決まっているのであれば、「これによって生み出される財源を使って、××の施策の充実を図ります」など、廃止することによる成果、効果を簡潔に述べます。

　こうすることで、**廃止というネガティブな部分だけがクローズアップされるのではなく、新たな価値、新たなサービスに転じているというポジティブで、未来志向の説明**ができます。

4章

議会答弁の場面別解説

答弁デビューひとくちメモ

　想定質問を作って準備をしすぎると、"想定"がこびりついてしまって、議員の質問を正しく聞き取れないことがあります。これは、質問と答弁が噛み合わず、意味不明で、残念な答弁に直結します。準備は必要ですが、「なぜ変更するのか」「どう良くなるのか」「課題と対応策」といった基本的な内容をテキパキと答弁できるようにするほうが得策です。

5　住民視点、住民のための時間と考えて答弁する

❶ 住民視点で想像する

　一般質問の場合、執行機関の長の答弁のあと、質問者である議員はその答弁にもとづいて再質問します。市町村議会によってスタイルが異なりますので、一概には言えませんが、議員が長の答弁で100％満足したら再質問をせずに終わります。しかし、その可能性は低いので、その再質問についても、答弁の準備が必要です。

　自分が議員や住民であれば、どう考えるか、どこに疑問があるのかを想像します。市町村では、施策や事業と呼ばれる諸活動を限られた財源とマンパワーで展開しています。要望と現実の攻防戦は永遠に続きます。

　たとえば、就学前の保育利用の事例で考えてみましょう。保育の待機児童解消に向けた取り組みを質問し、「待機児童ゼロを実現するために、認定こども園等の整備を鋭意推進してまいります」という答弁には、「いつまでに？」「方法は？」「費用は？」といったことや、近年の待機児童数の推移などを再質問で問われることは簡単に想像できます。

　ここからは、議事説明員の出番です。発言通告から当日までの時間には限りがありますから、日頃からの積み重ねが生きてきます。一夜漬けには限りがあります。

　なお、再質問を完全にすり合わせする慣例がある市町村議会もあります。その場合は、慣例に応じて、入念に行ってください。

❷制限時間内で住民のための有意義な時間に！

　多くの市町村議会では、本会議一般質問などの質問時間に制限が設けられています。その長さ、カウント方法は議会によって30分や60分等異なりますので、はじめて本会議に臨むときには確認しておきましょう。制限時間は、議員の質問だけをカウントする場合と、質問と答弁の合計でカウントする場合がありますから、それも確認します。特に、質問・答弁で合算カウントの場合は、答弁者には一層の簡潔明瞭さが求められます。その場合は、答弁調整がかなり入念に行われるという慣例もあるようですが、ない場合もあり、さまざまです。

　どちらにしても、一般質問は住民の代表である議員が、住民生活をより良くするために、政策提言や、行政の諸活動における改善を要請する場面です。制限時間が有意義に使われることは、結果として、住民にとって有益です。答弁者が意味不明な答弁をすると、議員は同じことを繰り返して質問せざるを得なくなり、不幸な循環に陥ります。稀ですが、質問と答弁が噛み合わなくなることもありますから、その場合は、**見解の違いをキッパリと述べる**という方法もあります。ブレずにサクサクと答弁して、時間を有効に使うほうが精神的にもよいでしょう。

答弁デビューひとくちメモ

　住民のために〇〇事業を実施すべきであるという質問に対して、答弁が NO の場合、なぜしないのかは再質問の定番です。議員はそれなりの理由があって質問しているのですから、当然です。執行機関の長の答弁で理由を述べていますから、この理由からブレないように答弁することが肝要です。

6 決算審査は日頃からの積み上げが活きる

❶決算審査は過去から未来を語るとき

　決算審査は、地方自治法により、「普通地方公共団体の長が次の通常予算を議する会議までに議会の認定に付さなければならない」とされています。審査を議会に付す時期は、9〜11月頃が多いようですが、市町村によって異なりますので、確認してください。

　実務的に考えると、決算審査はつまり、議会が、前年度の決算を審査する場面です。そして、当初予算が未来への扉だとすれば、決算審査は過去を見る窓になります。窓から景色を眺めるだけではなく、**過去を見ながら、未来を展望するとき**です。

　決算書等の定番の資料がありますが、これらは、地方自治法第233条の各号規定のものです。決算書、決算審査意見書、主要施策説明書などがあります。これらの資料を見れば、行政の諸活動がどう行われてきたのか一目瞭然です。

　さて、答弁する立場から、決算審査への準備を考えます。課長が守備範囲の決算を隅から隅まで把握できていて、「なんでも聞いて！答えますよ！」であれば、最高です。ところが、そうはいかないのが現実。最低限の準備として、**①決算書の数字の根拠、②前年度との比較、③執行率が低い場合はその理由、④事業の成果と課題**を用意しましょう。アナログですが、決算書等に手書きで書き込むのも一案です。意外と使えます。

❷ 執行率が低い部分は要注意

　決算書等を見ると、多くは予算通りか多少余る程度の執行率になりますが、なかには、執行率が低い、不用額が多いところがあり、当然これが目立ちますので要注意です。

　その場合、資料を読む人の視点では、「何か課題があるに違いない！」となるのは当然のことです。日頃は「行政改革しよう！費用はできる限り削減しよう！」なのですが、予算が余ったら余ったで、「なぜ余るのか、執行率が低いのか」と聞かれるのが、決算審査です。

　なぜ執行率が低いのかという、つまり「余った理由」を明確に答弁できるようにしておきます。前年度から課長をしていれば、すぐに答えることができますが、新任課長の場合は着任前のこと。担当の職員と話をして、正確に答弁できるように準備しておくに限ります。そして、**現在はどうしているのか、未来をどうするのか**を語ることができれば OK です。

図表4-4 執行率が低い要因

原因	現在の対応例	未来の対応例
調整つかず	新規事業を予定していたが調整がつかない	折り合わなかった点を解消する
開始が遅れた	開始準備に予想以上に時間がかかり、開始が遅れた	次年度は引き続き実施するので遅れない
利用者減	助成金の申請数が予定より少ない	必要な人に届くように広報を充実する
手法を工夫	啓発イベントの手法を工夫	今後も工夫して効果的な啓発イベントを行う
入札差金	契約金額が予算額より低い	引き続き、入札を適切に行う

7 決算審査はチーム力で乗り切る

❶ 全事業対象の決算審査はチームで効率よく

　役所の決算審査には前年度に実施した全事業が含まれていま
す。そのため、膨大な事項をチェックしていかなくてはなりませ
ん。時間に限りはありますが、日常業務を回しながらチーム力を
生かして準備しておけば、決算審査が行われる議会での答弁は大
丈夫です。

　**委員会は団体戦だと１章で述べていますが、まさに、団体戦の
力を発揮できるのが、決算審査**です。

　市町村の規模によりますが、課長と課長補佐が委員会に答弁者
として出席するという場合で説明します。分厚い資料はどちらか
が持ち、ある程度の答弁分担を決めておきましょう。特に、異動
から１年目の課長の場合は、着任から半年程度ですから、そもそ
も、すべてを完璧に把握して決算審査に臨もうとしても、プレッ
シャーが高まるだけです。もちろん、課長として最大限努力すれ
ばよいのですが、部下である課長補佐を信頼・信用して、役割分
担をオススメします。

　前年度の決算は、翌年度の５月末に締めますから、決算審査ま
で、日数は十分あります。４月にはよくわからなくても決算審査
に臨むチームのメンバーと、「執行率が低いけど、なぜ？」「今年
度はこうしているけど、どうして？」など、対話を繰り返すこと
が、結果として、決算審査に向けた準備になります。想定質問と
答弁を大量に作るよりは、日頃からの対話を通じてチーム力を高

めておくほうが、みなさんの答弁力アップにつながります。

❷ 読みやすく、取り出しやすい資料がすべて

　金額、件数、回数など、決算にはさまざまな根拠となる数字が
あります。一夜漬けで**覚えるには無理がありますから、決算審査
の日が近づいてきたら、質問に応じてすぐに見ることができる状
態にしておきます**。早目に準備することをオススメします。

　私にも経験がありますが、頑張って準備してさまざまな知識を
覚えても、いざというときにでてこない、焦ると余計にでてこな
い。こんなときに、隣の課長補佐がさっと、数字を出してくれた
ら、ありがたい限りです。自力か他力かは別として、取り出せる
ことが肝要です。

　議場や委員会室でパソコンやタブレットなどの使用が可能でな
い限り、議会答弁の場面はアナログです。持ち込む資料は、作っ
て満足するのではなく、どこに何が載っているのかを頭に叩き込
んでおけば、ご自身の脳の検索エンジンの回転数が上がります。
パソコンやタブレットを持ち込む場合でも、ファイルが出てこな
いという事態は悲劇です。データ集を厳選するなどの工夫が必要
です。

答弁デビューひとくちメモ

　日々の業務に追われ、緊急対応もしなければならないのが市町村職
員の実情です。前年度のことは遠い昔のことのように思えることも少
なくないと思います。決算審査は、改めて業務を振り返る機会と考え
て、一緒に出席するメンバーと話をしながら、資料準備、分担を決め
るのがスムーズな答弁への近道です。

8 補正予算は理由を明確に 説明できればOK

❶ 補正予算は「必要」のために議会へ提案

　補正予算にもいろいろとありますが、いずれの場合も、議会へ提案するときに**なぜ補正予算を提案するのかを簡潔明瞭に説明できるようにしておく**必要があります。

　地方自治法第218条において、「普通地方公共団体の長は、予算の調製後に生じた事由に基づいて、既定の予算に追加その他の変更を加える必要が生じたときは、補正予算を調製し、これを議会に提出することができる」とされています。

　具体的に考えてみると、**補正予算には事務的なものと政策的なものがあります。**

　事務的な補正予算としては、たとえば、前年度に交付された国庫補助金の精算です。見込額で請求し交付されていますから、余ることがあり、翌年度に歳出予算を組んで返還しなければなりません。したがって、歳出予算としての返還金の補正予算を議会に提案することになります。この場合は、**見込額より下回った理由を説明します。**

　一方、政策的なものは、**「なぜ、このタイミングなのか」「わざわざ予算を増額しなければならないものなのか」「市民にとって、何がどう良くなるのか」といったストーリーが必要**です。令和2年度には各市町村で、新型コロナウイルス感染症対策の補正予算が繰り返されました。刻々と変わる状況に対して、その補正予算を用いて、どのような対策を講じるのかを、各市町村議会で議論

されたことは、記憶に新しいと思います。

❷ 説明できるように集中して準備する

　補正予算は金額の大小にかかわらず目立ちますから、議会で答弁する確率が上がります。**補正予算は局所的ですから、集中して準備ができます。**積算内訳はもちろんですが、増減幅が大きいものは理由を明確にしておかないと、答弁に窮しますから入念に準備します。

| 図表4-5 | 補正予算いろいろ |

種類	主な事例
緊急対策が必要	災害復興、新型コロナウイルス感染症対策など
国を挙げての取り組み	義務教育における ICT 環境整備、全国一律の給付金の実施など
職員人件費の増減	人事院勧告に伴う給与改定など
市町村長選挙後の政策経費	就任直後に議会へ提案する補正予算で、いわゆる「肉付予算」と呼ばれる
計画値に比べて利用件数増	社会保障関係経費で、生活保護費などの増額
原材料費の高騰による歳出増	急激な原油高などによって、施設の運営経費などが不足するとき
国庫補助金等の精算	前年度の歳入が多く、返還が必要な場合

答弁デビューひとくちメモ

　補正予算のなかで、急遽、国を挙げての取り組みという場合、時間との闘いという場面も少なくありません。課長は係長などの担当者とともに、国の通知等を正しく理解して、財政担当とともにすみやかに対応するしかありません。これもチーム力です。

9 当初予算案審議で 次年度への展望を語る

❶ 次年度の行政活動を明確に説明

地方自治法第211条により、次年度の当初予算も、「普通地方公共団体の長は、毎会計年度予算を調製し、年度開始前に、議会の議決を経なければならない」とされています。そのため、2～3月にかけて開催される議会では、委員会にて予算案の具体的な内容を審議する場面があります。

言うまでもなく、当初予算には、当該会計年度の歳入歳出の一切が含まれていますから、委員会出席にあたっては、しっかりと準備する必要があります。

4月の異動で着任した課長は、約1年が経過していますから、難しいことではないはずです。自治体によって差はありますが、およそ夏頃から、市町村総合計画等に沿って次年度の具体的な事業を議論しています。**住民の生活がどう向上するのか、なぜ、その事業を実施するのか、手法はどうかなどの議論があり、これが議会答弁のストーリーに直結**します。日頃の対話がすべてです。

冬には予算編成が大詰めになり、年明けには事業内容と予算額が決まります。十分すぎるくらいの時間と労力をかけています。行政はスピード感がないという批判も時にはありますが、予算に関していえば、税金の使い道を一冊に取りまとめるものが予算書ですから、議会への予算案を提案するまでに、市町村として丁寧に精査していくことが必要なプロセスです。

❷ 当初予算案はすべての業務を含む

　当初予算案には、大小さまざまの事業を実施するのに必要な予算が含まれていますから、審議にあたっては、どれを質問されるのかわかりません。ここでの答弁は、**次年度に展開する施策や事業のストーリーを明らかにする**ように心がけます。

　予算書として仕上がってくるのは、議会の直前ですので焦りますが、次年度のストーリーを語れるように準備をします。

　議会で当初予算案について答弁するということは、その施策や事業がどのように展開し、住民にとって何がどう良くなるのかを自信をもって語ることですから、実務を預かる補助機関の一員である職員の仕事そのものです。その事業を待ち望んでいる人たちのことを考えて答弁できれば最高です。

　その予算額の内訳は金額や件数などから積み上げていますから、細かい数字は資料として持っておくと、答弁のときに役立ちます。自分スタイルで手持ち資料をつくっておけば、質問は怖くありません。前年度との比較は、予算書を並べてみて、数字の動きを把握しておくとよくわかります。

答弁デビューひとくちメモ

　自分スタイルの資料はさまざまです。デビュー時に確立できていない人は珍しくないと思います。先輩の真似をしても、どうもしっくりこないのは当然です。当初予算案は、事業の目的、積算根拠、財源、前年度比較などシンプルに、読みやすくまとめておきます。たとえば、予算案の該当ページをコピーし、その次に積算根拠と前年度との比較などの表をはさんでおきます。予算書を見ての質問には答弁しやすいです。自分スタイル確立は2年目にはできます！

10 長の所信表明と
当初予算案はリンク

❶ 新年度の目玉商品は、答弁出番だと考えておく

　当初予算案にはすべての施策や事業が含まれていますが、議会で答弁する機会が多いのは、言うまでもなく、新規事業などの目玉商品です。

　主な施策や事業のストーリーは何も見なくても語ることができるとしても、予算の内訳は整理しておかないと、意味不明な答弁をする可能性があり、不幸な答弁として議事録に残ります。それでは、実務を担っている職員に失礼ですから、そうならないためにも、準備が必要です。

　時間に限りがありますから、優先順位をつけましょう。ここで**ポイントになるのは、長の所信表明**です。市町村によって呼び方もスタイルもさまざまで、「施政方針」「市政運営方針」「政策方針」などと呼ばれ、ボリューム感も違います。共通しているのは、当初予算案の提案と同時に、年度末の議会で長が述べることです。市町村長選挙直後の議会も同様です。この所信表明には、新規事業、既存事業の拡大など、次年度に特に重点的に取り組むことが含まれており、市町村長自らが、どのような地域社会を住民とともにつくろうとしているのかを語るときです。

　当然、長の所信表明に含まれている内容を担当している場合、当初予算案審議では答弁の可能性が高まります。

❷ これまでの議論が生かされているかどうか注目

　予算総額、財源、前年度からの増減など全体に関することは予算案の要点です。さらに、具体的な施策や事業が、税金を使って住民の生活をどう良くするのかを審査されます。これまでの一般質問や決算審査などの場面で議員が質問や指摘してきたことが、どう反映されているのかをチェックされる場です。

　市町村の施策や事業等は過去から未来に続いています。多くは地味ですが必要不可欠で、必要な予算が精査されて、予算案のどこかに載っています。一方、市町村長の所信表明に載るのは、全体のうち、特に強調したいことで、住民からの期待に応えるもの、行政としての新たな政策を打ち出すというものです。ここが当初予算案のポイントです。

　たとえば、「（決算審査や、一般質問で）『検討します』と答弁したものは、当初予算案ではどうなっていますか？」と議員から質問されることがあります。この質問は「検討します」の重みを感じるときでもあります。たいていは、**これまでの議会での質問・答弁につながっていますから、矛盾がないように、少なくとも当年度の分はチェックしておくに越したことはありません。**

答弁デビューひとくちメモ

　市町村には会計年度があり、4月からは新年度が始まります。4月といえば、人事異動。3月末で退職する職員もいます。答弁したことを後任者に託すことになる場合、無責任答弁にならないようにしましょう。立つ鳥跡を濁さずと昔から言います。最後の1日まで市町村職員として全力を尽くさねばなりません。

11 ▶ 条例の改廃は どう変わるか説明する

❶ 改廃の理由を簡潔明瞭に説明する

　条例改廃に向かうプロセスのなかで、改廃理由は整理できていると思います。ただし、条例改廃の内容によっては、議会での審議で激論になることがあります。特に、賛否が分かれてかろうじて賛成多数で可決、あるいは、賛成が少なく否決になる場合です。「議決は重い」と言われるように、執行機関の長が提案した議案に対して、議会がNOとするには、それ相応の理由があります。そのため、議員は執行部に対して、さまざまな角度から質問をして、賛成か反対かの判断をします。時には、このような厳しい場面に直面することがあります。

　条例は、議会の議決を経て決められたルールです。それを改廃しようとするのですから、**どのような議案であっても改廃がなぜ**

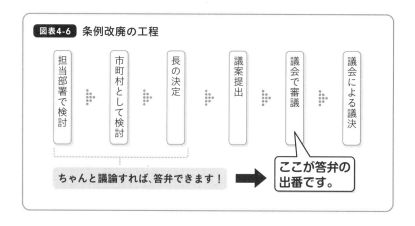

図表4-6 条例改廃の工程

担当部署で検討 ▶ 市町村として検討 ▶ 長の決定 ▶ 議案提出 ▶ 議会で審議 ▶ 議会による議決

ちゃんと議論すれば、答弁できます！ ➡ ここが答弁の出番です。

必要で、何がどう変わるのかを簡潔明瞭に答弁できるようにする**必要**があります。

❷ 改廃タイプによって準備が違う

　条例改廃には理由があり、それによって準備が違ってきます。市町村としての裁量の大きさに差があり、裁量が大きいほど議論が白熱する可能性が高くなりますから、しっかりと準備をします。

　法改正による条例改正の場合、技術的にはシンプルですが、**市民生活にどう影響がでるのかを明確に答弁できるように**します。公の施設の設置や廃止は、行政改革との兼ね合い、つまり、今後、その施設を市として設置し続けることによる将来負担が問われます。そのため、現時点での試算は必須です。また、使用料などの改定は、住民負担が変わります。なぜ負担増をすることになるのかなどは、十分に議論をしたうえで議案提案になっているはずです。議員は住民に説明ができるかどうかという視点で審査しますから、根拠をきちんと示すことで納得していただかなければなりません。

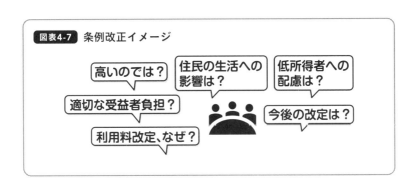

図表4-7 条例改正イメージ

- 高いのでは？
- 住民の生活への影響は？
- 低所得者への配慮は？
- 適切な受益者負担？
- 今後の改定は？
- 利用料改定、なぜ？

12 条例制定は市町村の新しいストーリーづくり

❶ 市町村の仕組みづくりにはストーリーが大切

　新たな条例制定を議会に提案するのは、市町村の新しい仕組みや活動を、議会の議決を得てつくる歴史的な場面です。市町村職員である年月のなかで、これを自分が担う機会は多くはないでしょう。内容にもよりますが、多くは行政のしくみの変更や、**住民生活に大きく影響する場面で、その制定によって何がどう変わるのかというストーリーを、議員に理解いただき、可決していただかなければなりません。**

　たとえば、保健所設置条例で考えてみます。新型コロナウイルス感染症をめぐって、その存在意義が改めて認識された機能です。地域保健法において、都道府県、指定都市、中核市、その他の政令で定める市、特別区が保健所を設置するものと規定されていますので、中核市移行のときに、保健所設置条例の制定の提案をします。議会では、市民の健康増進がどう向上するのか、都道府県保健所とどう違うのか、設置運営の費用、人材確保など、住民視

図表4-8 ストーリー事例

市民に最も身近な市役所が保健所を設置して、医師をはじめとする専門職を多数配置。感染症が発生したときなど、迅速に対応できます！ 市民の公衆衛生、健康増進は、住民福祉の向上そのものです。

点での確認が行われるのは当然です。答弁では、市保健所を設置することによって、市民の公衆衛生がどう向上するのか、健康増進につながるのかのストーリーを語ります。

❷ 市町村独自の条例制定は難易度が高い

　法定ではないものをあえて条例制定提案をする場合は答弁の難易度がさらに上がります。自治基本条例や市町村総合計画策定条例などのまちづくりのルールを定めるものや、文化会館やコミュニティセンターなどの施設設置の条例があります。

　極めて重要な仕事ですから、当然、準備は、これまで述べてきた場面のなかでは、**最も入念に行う必要があり、覚悟を決めて臨みます**。準備のなかには、議会で審議していただくまでのプロセスもあります。

図表4-9　条例制定の議論

今、必要？
住民福祉の向上になる？
人材は？
なぜ必要？
財源は？
将来負担は？

答弁デビューひとくちメモ

　条例制定ではありませんが、市町村独白の憲章の制定や総合計画なども、市町村の新しいストーリーづくりです。これらは、住民との意見交換や、執行機関の付属機関での審議が行われたうえで、議案として提案する場合が多いでしょう。多くの人たちの想いや願いが込められていますので、それを答弁のエネルギーにして議会に臨みましょう。

13 ▸ 条例廃止は1つの時代の区切りになる

廃止理由を明確にする

　一方、条例廃止は、議会の議決を経て、これまでの制度や施設を終わりにすることなので、内容によっては激論になります。

　これまであった仕組みや施設がなくなる！　仕組みや制度には利用者がいますから、これまであったものがなくなるというのは、住民にとっては衝撃的なできごとです。それを廃止するのですから、その理由を明確に答弁する必要があります。

　たとえば、施設の廃止の場合です。執行機関が設置する施設を廃止するには、その施設の設置を規定する条例廃止の議案を提案します。提案までに、利用者や地域住民に対して説明をしますが、この段階で、全員が賛成ということはなく、反対する住民がいます。時には、住民による激しい反対運動になることもあります。こうなると、議案の審議では、賛否両方の立場から、さまざまな質問が行われます。議会の議決は重いといわれるのは、こういう場面が当てはまります。

　執行機関では、反対運動への対応で、担当課長を中心とする職員は、何とか理解を得ようと必死です。それが容易でないことは、市町村職員をしていればおわかりだと思います。議会で議決を得るためには、答弁を通じて、廃止の正当性・合理性を説明しつくさなくてはなりません。廃止は担当課長が1人で決めるものではなく、執行機関として決定するものです。**執行機関の長をトップとするチームが、廃止のストーリーを共有し、プロセスを貫徹す**

る覚悟が必要です。

　よくある事例の１つは、公共施設の廃止です。なぜ廃止か。廃止により誰がどう影響を受けて、その人たちをどうするのかという一連のストーリーが大切です。

　たとえば、公立幼稚園の廃止です。今後、人口減少・少子高齢化がさらに進むことから、従来の公共施設を今までと同じように維持し続けることは難しくなります。公共施設の再編、つまり、廃止や集約化が進む時代となっていきます。この類の条例提案を経験する市町村職員が増えていくでしょう。

　単に廃止ではなく、持続可能な地域社会を住民とともにつくっていくというストーリーが大切で、それを全住民と共有できれば最高です。

図表4-10 **条例提案に至るストーリーの例**

昭和 30 年代前半	最初の市立幼稚園設置 その後、幼児教育ニーズが高まる
昭和 50 年代後半	市内全小学校区に市立幼稚園設置
平成 10 年代	保育所利用児童が増え、幼稚園利用児童が減る 少子化が進み、幼稚園利用児童の減少が続く 施設の老朽化が進む
平成 20 年代	定員割れが進み、一部の幼稚園を休園する 保育所利用児童希望が急増する
平成 27 年 4 月	子ども・子育て支援新制度導入　※法制度

★**方針**　5 年以内に全公立幼稚園を廃止、認定こども園へ集約・移行
　　　　公立保育所も段階的に認定こども園化する

★**ストーリー**
　　　　子育て家庭のニーズが変わった！
　　　　保育利用の待機児童解消が必要！
　　　　幼児教育・保育のどちらも利用できる施設が最適！
　　　　公立幼稚園施設は築年数が古くて手狭なので、集約化して
　　　　認定こども園を建設！

14 ▸ 指定管理者の指定は よくある出番

❶ 導入してどう良くなるのかを語る

　2003年の地方自治法改正以降、公の施設の指定管理者制度が導入されました。地方自治法の規定により、指定管理者の指定には議決が必要ですから、指定期間ごとに、○○センター指定管理者指定の件という議案がでてきます。

　直営から指定管理者制度導入に切り替えるときには、なぜ、指定管理者制度を活用するのか、言い換えると、直営ではできないのかというのが究極の質問です。導入にあたって、市としての決定をしているわけですから、これは、簡潔明瞭に答弁すればよいのです。多くは、行財政改革の視点での検討で、効率的・効果的だからということになります。

　いえいえ、**それだけでは行政視点**です。「安かろう、悪かろう」ではないですよね。施設には利用者がいます。住民が利用し、施設の種類によっては、住民以外の利用も可能です。答弁のポイントは、住民、利用者視点です。指定管理者制度を導入することによって、直営よりもさらに良くなる、新たな価値が生まれるのだというストーリーがあっての指定管理者制度です。それを公式に説明するのが、議案審議の場面です。

❷ プロセスに説明責任がある

　指定管理者制度は、公募による選定を基本とする制度ですから、

募集から決定までの一連のプロセスが審議されます。

　募集開始➡応募➡選定➡議案審議➡決定➡導入というプロセス
が一般的ですが、選定が最重要です。**図表４-11の項目を、簡潔
明瞭に答えることができれば大丈夫です。**

　また、施設の種類などによっては、非公募による選定もありま
すので、その場合は、非公募となる理由や、当該指定管理者でな
ければならない理由を明確に説明できるように準備しておくこと
が大切です。

　たとえば、公民館の管理運営を直営から指定管理者制度に移行
する場合です。公民館は社会教育法第20条において「市町村その
他一定区域内の住民のために、実際生活に即する教育、学術及び
文化に関する各種の事業を行い、もつて住民の教養の向上、健康
の増進、情操の純化を図り、生活文化の振興、社会福祉の増進に
寄与することを目的とする」と規定されています。そのため、指
定管理者の選定にあたっては、一定区域内の住民により組織され
ている団体を指定管理者として非公募とすることは可能です。実
際にそうするかどうかは、市町村において、議案を提出するまで
に、十分に検討、議論すればよいことです。したがって、議会が
近づいてきてから慌てて準備するようなものではないと思います。

15 :::: 請願と陳情は答弁の有無が違う

❶ 請願と陳情は違う

　請願と陳情は、どちらも行政の取り組みに対する住民からの要望ですが、議会での取り扱いが異なります。議会で行政としての見解を求められるのは請願です。つまり、答弁の場面があるのは、請願審査です。

　請願と陳情の違いを表にすると次のとおりです。

図表4-12 請願と陳情の比較

	請願	陳情
紹介議員	必要	不要
委員会付託	あり	必要に応じて
採択・不採択	あり	なし

　請願の内容は多岐にわたり、道路や公共交通などの都市基盤に関することから、教育や福祉に関することまで多様です。市町村にはご当地事情があり、日頃から行政課題になっていることが、紹介議員を通じて、住民から請願書の形で提出されます。

　議会において請願が採択されれば、その実現に向けて、市町村は取り組まなければなりません。

❷請願審査では現状の説明を

　議会が請願書を受理したら、採択・不採択の審査が委員会へ付託されます。その委員会において、執行機関の見解や現状についての確認が行われます。ここが答弁の出番です。

　見解は、請願の内容について、取り組んでいるのかどうか、今後進めていくことができるのかなどを述べます。たとえば、「○○センターが老朽化しているから改修してほしい」という請願の場合、改修工事の予定が決まっているか、実施に向けて調整中であれば「検討しております」。一方、現状については当面は改修工事を実施する予定がないのであれば、「開設後○年経過で、老朽化しているのは現実ですので、今後、検討します」。あるいは、「現時点では予算化が難しいです」になります。

　見解・現状を答弁するにあたっては、**請願に込められた願いを理解したうえで、行政としてできること・できないこと、今後に向けての考え、できない場合はその理由を簡潔明瞭に述べます。**

　議員は、紹介議員の説明を聞き、さらに、執行部に見解・現状を確認したうえで、採択・不採択を判断しなければなりません。ところが、執行部の見解が曖昧で不明確であれば、議員は判断できません。行政の説明責任をしっかり果たせるように答弁しましょう。

図表4-13 請願への見解・現状説明

見解は理由と○×を明確に！

現状は端的にわかりやすく！

答弁スキルは盗んで学べ？

　これは、管理職になって年数が浅い頃に、思ったことです。たとえば、議員との会話。

　管理職になるまで、全くゼロではありませんでしたが、数少ない接点での印象は、「怖そう」「気難しそう」「偉そう」など、すべてネガティブ。ところが、管理職になって間もない頃、私は議員控室に向かう上司に同行することになり、気が進まないまま、横に座り、一言も発することはありませんでした。ところが、上司は饒舌に話す、話す。議員は熱心に聞いておられ、私がそれまで抱いていたネガティブな印象とはかけ離れていました。

　これは衝撃でした。この上司は、日頃からよく喋る人でしたが、それを差し引いても、議案の説明をしつつ、本音もちらりと話す、絶妙！　議員との会話もテンポよく、意思疎通ができていました。そして、委員会当日。議員の質問に対して、上司は誠意が感じられる答弁をして、つつがなく終わりました。

　ここでの気づきは、説明すべきことは説明し、議員の考えや疑問点に１つずつ答える、これが基本ということ。そして、これは難しいことですが、信頼関係をどう築くか。今の私ができているかどうかは、自分では何とも言いがたいですね。このあたりは、市町村の規模、職員自身の経歴、個性、人柄などによってずいぶんと違います。

5章

議会答弁の基本ノウハウ

何が起きるかわからないのが、議会答弁です。5章では、2005年度の管理職デビューから2020年度までの16年間に、私が市職員管理職として、考え、経験したことが大半です。これから管理職デビュー、答弁デビューという市町村職員のみなさんの参考にしてください。

1 ▶ 質問想定Q＆Aはお守り

❶ 作ってもらいたければ、明確な指示

　議会答弁の出番が近づくと、落ち着かない、緊張する、不安感が高まるというのは、ごく普通のことです。むしろ、緊張感は必要です。気を引き締めて対応する場面だからです。

　市町村によって違いはあると思いますが、議場や委員会室に持って入ることができる資料には限りがありますから、課長の立場では、「簡潔にまとめた資料がほしい！」「議員の質問に対する想定質問と答弁（以下、「QA」といいます）を完璧にしておきたい！」となります。そして、部下職員に「QAを作って！」と指示します。この行動は正しいと思います。

　しかし、「的外れなQAをもらっても、全く使えない！」と課長が思うのは組織として不幸です。**使えるQAがほしければ、指示する側が、想定質問を示せばよい**のです。

　私の事例ですが、漠然とQAを作ってほしいと言ってみたり、意味不明な想定質問を並べたりする上司がいました。ご本人に質問の意図を聞いても要領を得ない。ところが、部下職員だった私は、管理職歴が浅い頃なので、議会でどういうやりとりがされるのかがよくわかっておらず、言われるままに資料を作っていました。しかし、今思えばあのQAは上司の役に立っていたとは思いがたく、無駄な仕事でした。こうなると、上司も部下も不幸で、無駄な仕事をしているだけで、部下の私の意欲も減退したことは言うまでもありません。

❷ 咄嗟のときに使えるものがあれば助かる

使える QA は、不意打ちを食らったときに使えるネタ集です。市町村の管理職としてポジションが上がれば上がるほど、守備範囲が広くなりますから、日頃から、広い視野で全体を把握して、必要な指示や調整をしています。躍起になって隅々まで把握しようとすると、部下を信頼していない面倒な上司になってしまう可能性がでてきます。チーム力減退の原因になりますから、こうした完璧主義の努力は要注意です。

ところが、議会では、事業の詳細を質問されることがあります。「わかりません」とは答弁できませんから、そこを補強するのが資料であり、QA です。**職員に作ってもらったら、読んでみて、わからなければ、確認をします。これが信頼関係の土台**になります。

使う側の立場で言うと、文字サイズやフォントの好みがありますので、こだわり派の課長であれば、資料や QA 作成段階で、それも含めて指示しておくと、お互いがストレスフリーです。

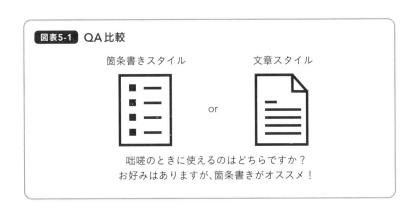

図表5-1 QA比較

箇条書きスタイル　　　　　文章スタイル

or

咄嗟のときに使えるのはどちらですか？
お好みはありますが、箇条書きがオススメ！

2 自分好みの資料が合理的

❶持ち歩けるボリュームであれば年中使用可能

　管理職になりたての頃、委員会出席の日が近づいても、何を持っていけばよいのかよくわかりませんでした。同じ部屋に数名の上司がいましたが、お互いにあまり会話はなく、黙々とパソコンに向かっているか、資料を綴じているだけで指導されることもありませんでした。私は、何年か経験を積むなかで、持ち歩けるボリュームで、普段使いの資料が一番だという結論に至りました。

　よく使うデータや経年変化、主な法律や条例のよく引用する部分などを、手にとりやすいファイルに整理しておけば、普段から使えます。それを、議会当日に持ち込めば、自分好みのファイルですから、使いやすいです。

　年度途中にデータの追加などがあれば、自分好みのファイルをアップデートするだけです。1年経てば、ともに議会に出席した相棒として、使いこなした感がでてきます。議場や委員会室で使える自分空間の広さが違いますし、好みの問題もありますので、これは経験しながら自分スタイルを決めるしかありません。また、最近では、パソコンやタブレットを持ち込みできるようになっている議会もありますが、議場や委員会室で、大量のデータから探し出すのは神業です。紙でもパソコンでも、普段使いの資料を有効活用するのが最良と考えます。

❷ いつでも語れる素材を持っておく

　行政の取り組みは、社会の動きと連動しています。したがって、**議会での質問は、市町村という地域社会での変化や課題に対して、住民と行政がともに、どう対応するのか、地域コミュニティを醸成していくのかという切り口**になります。

　答弁の場面では、守備範囲の事業のデータや法律・条例だけでは、答弁に窮するか、説得力がなく要領を得ない答弁をしがちです。そうならないように、社会の変化と施策がどう関係しているのかを常に意識しておくと、いざというときに使えます。

　たとえば、2020年でしたら、新型コロナウイルス感染症に伴う影響などは、その典型例です。医療機関や保健所だけではなく、あらゆる行政分野で何らかの影響があり、住民の生活や行動が大きく変化しています。ところが、1人ひとりの住民からの聞き取りは、大半の市町村では物理的に不可能です。情報収集は、テレビや新聞などのほか、行政関係の雑誌やウェブサイトが使えますが、日常業務の中で住民からの相談や問いあわせなどのほか、各分野の関係者や自治組織で活動を担っている方、学識経験者などの生の声は大切にしたいところです。また、職員との対話の中にも貴重な話があります。職員自身も生活者です。

答弁デビューひとくちメモ

　守備範囲にこだわらずに多様な情報を自ら得るという活動は、答弁に直結はしなくても、分野を超えてほかの職員と連携するときに、お互いに理解しやすくなります。仕事時間外になりますが、ほかの市町村の職員との交流はオススメです。場所は違っても市町村職員ですから、仲間意識がすぐに生まれ、視点も情報も増えます。最近では、SNSやオンラインで簡単につながることができます。

3　議員との答弁調整は、組織風土によって多様

❶ 有意義な時間にするためのプロセス

　答弁調整は市町村の規模、組織風土や慣例などにより、実に多様です。たとえば10の市町村の管理職でこの話をすると10通りあり、お互いに非常に驚きます。1つだけ言えることは、**議員も職員もともに「まちを良くしたい」「住民のために働きたい」という思いをもっています**。

　本会議一般質問では、発言通告が行われ、質問書が示されるという方法が多いと思います。しかし、読むだけでは真意を測りかねるということもあります。議員と職員では立場が違うのですから、そうなるのは仕方のないことです。

　答弁調整として、議員の考えを直接聞き、行政側の現状を説明して、住民のためになる答弁を組み立てることは有用です。職員としても新たな視点を持って一般質問を検討することができます。

　議会、行政、どちらの活動も、すべて税金で賄われているわけですから、一般質問を通じて、より良い行政活動につながるような有意義な時間をつくりだしましょう。どのように調整するのかは、上司や先輩職員に学びます。たとえば、議員へ連絡するタイミングや方法、答弁案の示し方などはマニュアルがないので教えを請うようにしましょう。それでは出来レースになるのではないかと思う人もいます。しかし、的確に答弁する、できること・できないことを明確に説明するための答弁調整であれば、出来レースと批判されることはありません。

❷答弁調整がない場合は「ブレずに貫く」

　議会と執行機関という関係がある以上、見解が真逆ということはあります。そのような場合は、答弁調整ができない、あるいは、答弁調整は行わないということもあります。

　できない、しないことで不安に感じる程度は個人差がありますが、不安を和らげて議会当日を迎えるための工夫はあります。まずは、**市町村としての立ち位置、ストーリーなどを明確にして、何を聞かれてもブレないという覚悟を決めます。**

　それから、執行機関の長や補助機関内の上司や同僚とのチーム対応ができるように、意思疎通を図っておくことです。本会議、委員会にかかわらず、執行機関の長、補助機関内の副市町村長、局長、部長、課長が言っていることに矛盾が生じると、収拾がつきませんから要注意です。

　意思疎通を図る方法は市町村の規模や組織風土によって異なりますが、日頃からの信頼関係と意思疎通ができていれば、議会直前はポイントがわかるメモの共有でも大丈夫です。

答弁デビューひとくちメモ

　市町村で議会答弁する人たちの会話のなかで答弁調整という用語をよく使います。ところが、誰がどこまでするのかも市町村によって異なります。「一言一句まで調整」「本会議や委員会の前日に FAX やメールで質問内容が議員から送られてくる」「全くない」まで実にさまざまです。組織風土・慣例のもと、市町村管理職はうまく立ち回るスキルを身に着けるしかありません。

4 リスク管理とライフワークバランスはセット

❶ 急遽欠席という事態に備える

　急遽欠席という事態はあり得ます。不謹慎なことを言っているとお叱りを受けるかもしれません。議会の欠席は基本的にはあってはならないことです。健康管理や家庭事情を考慮して、管理職としての職務を遂行しなければならないという現実があります。

　とはいうものの生身の人間ですから、緊急入院や事故、親族の急病・急逝などの突発事象が生じる可能性はあります。急遽欠席せざるを得なくなった場合を想定し、対策を講じることは、リスク管理としては必須です。

　まずは、**日頃からのチーム力**。議会直前になれば、当日の質問と答弁を想像しながら、ベストパフォーマンスとなるように、部や課などのチームとして準備を進めています。この行動そのものが、リスク管理につながります。特に、直近下位の職員、課長から見れば課長補佐や副課長とは常日頃から、課題を共有し、対応策も議論しておきます。

　課長補佐や副課長は、日頃から、課長不在時に代理で決裁し、会議に出席するなどの行動をしています。議会答弁も同じで、課長補佐や副課長の立場にある人は、課長が答えてくれるからと思わず、**いつでも替わりに答弁できるようにしておく必要があります。**そのほうが、自分が課長になったときに慌てなくてすみます。

　私はどうだったのかといえば、課長が困っているときに資料を横から出した程度で、実際に答弁すべき出番で咄嗟に挙手できず、

上司に注意されました。課長補佐が出席して答弁できる市町村の場合は、課長補佐時代から慣れておくと、後々に役立ちます。

❷ ライフワークバランスがあっての議会答弁

　近年、市町村職員の間で、管理職になりたがらない人が増えているという話をよく聴きます。「管理職になったら責任重いし、議会にも出なくてはいけない。子どものことはあるし、親の介護もあるし。だから、管理職はパス！」という声が聴こえてきます。

　もちろん、さまざまな事情があるなかで、ライフとワークの両立が簡単であるとは言いません。しかし、多くの市町村では飛び級制度はなく、担当者、主任や主査、係長、課長補佐や副課長、課長というように段階を経て、議会答弁をする立場にたどりつきます。チャンスがあれば、管理職というステージに立つことで、住民のためにしたいことが1つでも多くできるようになります。

　子育て真っ最中、親の介護問題、自身の体調不良など、さまざまな悩みを抱えながら管理職をされている方が多いのが現実です。しかし、議会は日程がわかり、ある程度の先読みができますから、事情はチームのメンバーと共有し、互いに助け合える関係性を築けば、大丈夫です。

答弁デビューひとくちメモ

　ライフワークバランスは多様です。同い年でも全く異なります。家庭事情を職場で言いたくない人はいますが、老親の容態急変や子どもの急病などは突然ですから、自力でどうすることもできません。親や子どもの対応を代わってくれる人がいなければ、どうしようもありません。日頃から事情をシェアすることで、いざというときに頼りやすくなります。

5 簡潔明瞭な答弁を するためのコツ

❶ 質問をよく聴く

　簡潔明瞭な答弁をするためのコツは、4つあります。

　まず1つめは、議員の質問をよく聴いて、議員が何を尋ねているのかを正しく理解することです。

　ところが、質問が長い場合があります。経過や事例を交えて質問されることもあり、その部分も含めて、落ち着いて聴き、質問部分を特定しなければなりません。できる限り、質問者を見て聴くほうがよいのですが、1つの質問のなかに、2〜3項目入っている場合もありますので、**単語レベルのメモを書く**と、答弁しやすくなります。

❷ 短時間にストーリーを組み立てる

　慣れてくると、メモなしでも答弁できるようになりますが、答弁漏れにならないように、手堅く対応するほうが安全です。メモがあれば、それを見ながら、組み立てて答弁しやすくなります。委員会の場合は団体戦ですから、あれもこれもまとめて質問されたら、同じチームのメンバーが、大きな文字でメモを書いて回すという技も可能です。私はノートをちぎって渡しますから、**ちぎりやすいノート**を愛用しています。

❸ 質問されていないことは答弁不要

　質問には簡潔明瞭に答弁するのが基本です。つまり、**質問され ていないことを答弁する必要はありません。**答弁するときに、関 連事項を述べることは否定しませんが、それはアッサリと最小限 にします。

　本人は気づかないものですが、日常会話で話が長い人は延々と 述べていることがあります。結局、何を言いたいのかが伝わらず、 残念な答弁になってしまいます。日頃から簡潔に話す自主練習が 必要です。

❹ 手柄自慢、言い訳もいらない

　成果と実績を問う質問への答弁でありがちなのが、手柄自慢で す。一生懸命に施策や事業を推進し、住民生活の向上につながっ ていることは高く評価されていますから、手柄自慢はしなくてよ いです。できていない場合の言い訳もいりません。

　課題解決ができない、事業が思うように進まない場合は、言い 訳したくなりますが、**理由を簡潔に述べれば十分**です。

答弁デビューひとくちメモ

　練習する機会があるようでないのが議会答弁です。最初から完璧に できる人はいないし、100点満点に到達する人もいません。市町村 管理職として働くことができる年月には限りがあります。卒業後も、 大勢の人の前で簡潔明瞭に話す力は、何らかの集まりなどで役立つと 思います。そう考えると、答弁スキルを高めていくことは人生をトー タルで考えるとよいのかもしれません。

6 良い答弁をライブ教材に する

❶ ほかの出席者の良い答弁を盗む

　議員の質問に対して、ほかの出席者がどのように答弁しているのかをよく聴いて、自分の答弁力向上に活かすことができます。

　自治体の規模によってもボリューム感が違いますが、それでも、本会議一般質問、委員会での議案審議が行われていますから、それなりのボリュームになります。答弁する職員の人数を数えたことはありませんが、一言で管理職といっても、それぞれ個性があり、経験も異なります。当然、答弁にも差がでます。

　議員の質問と執行部側の答弁をセットで聴くなかで、質問に対して、わかりやすく的確に答えている答弁は参考になります。後日、**議事録として公開されますから、文字でじっくり読むこともでき、答弁の組み立て方、論旨展開をどうしているのかを分析するのも学習方法の1つです。**

　また、ライブ中継や動画配信がある場合は、立ち姿もチェックできます。見本になる人がいたら、次の自分の出番に真似てみるのも一案です。

　服装は一般的にはスーツですが、気になる場合は、過去の動画があれば確認できます。これは、男性よりも女性のほうが少数派ですので、気になるところです。

❷ 作法は上司か先輩職員に聞くのが一番

　議会答弁という場面は、**本会議と委員会のそれぞれに作法があ
るのが一般的**です。市町村の組織風土によって、細かな作法が違
い、議会デビューのときには、必ず確認が必要です。

　まずは服装。男性は地味なスーツが基本ですがワイシャツやネ
クタイの色、女性もスーツが基本ですがスーツやインナーの色な
どは上司や先輩に確認をするほうがよいでしょう。特に、女性は
まだまだ少数派ですから、同じ部署で聞く人がいなければ、他部
署の職員に聞くようにします。

　入退室や答弁時のお辞儀のタイミングも最初はよくわかりませ
ん。日本社会はお辞儀文化で慣れてはいるものの、日常業務とは
違う場面ですから、確認して、習慣づけてしまいましょう。

　ご自分の自治体の上司・先輩・同僚の良い見本から学習する必
要があります。また、先輩は見られているという自覚を持って、
後輩に良い見本となるように自分磨きが必要です。

答弁デビューひとくちメモ

　横柄になってはいけませんが、自信をもって答弁しましょう。単純
なことですが、前を向いて、背筋を伸ばす！ これだけでもずいぶん
印象が違います。傍聴者が多い場合は、緊張感が高まりますが、傍聴
者に気を取られず、質問者を見て答弁するという基本に徹することが
大切です。

7 答弁スタイルを確立する

❶ 基本形は、質問者を見て、簡潔明瞭！

　いよいよ発言です。発言時の挙手や発声は、無言で挙手なのか、「はい！」と声を出すのか、スイッチがあるのかなどは市町村の庁舎の環境で違います。また、議場と委員会室でも違います。

　はじめて答弁するときは、誰でも最大級の緊張を体験します。しかし、**基本に忠実にやれば大丈夫**です。手を挙げて、指名されたら、立つ。そして、質問者を見て、誠心誠意、答弁するように心がけます。落ち着いて、ゆっくりと、やや大きめの声で、質問に対して簡潔明瞭に答弁すれば、バッチリです。

　とはいえ、これが意外と難しいのです。全部クリアできれば最高ですが、自分では案外わからないので、**動画で確認してみる**とよいでしょう。間違いを言っていなければ、落ち込む必要はありません。次の場面で改良します。これを繰り返すことで、自分のスタイルを築いていきます。

　私自身を振り返ってみますと、最初の答弁は2010年の常任委員会でした。その後、数多くの答弁を経験しましたが、「ゆっくり」「大きめの声」は実践が難しいです。私は、日常の会話・行動が高速でクセになっているので、これは今なお難しいスキルです。

❷ これだけは避けたい答弁グセ！

　答弁のクセは誰にでもありますが、これだけは避けておくほう

がよいものを図表5-2に並べてみます。

図表5-2　これだけは避けたい答弁グセ

手元の資料を棒読み！

下ばかり見ている！

あの〜、その〜、え〜、連発！

とにかく、長い！

語尾が聞き取れない！

早すぎ！

いかにも自信なさそう！

　これらの代表的なクセは、質問している議員が不快に思うでしょうし、執行部側もハラハラします。また、傍聴者や動画配信をご覧になる人たちにも頼りない印象を与えてしまいます。クセを自覚して、早めに見つけて直していきましょう。

答弁デビューひとくちメモ

　なくて七癖と言います。「これだけは避けたい答弁グセ」のうち、私自身にあてはまるのは「早すぎ」です。答弁の出番が増え、「早すぎ」「怖い」などいろいろと指摘を受け、なるべくゆっくりと話すように心がけています。ところが、熱量が上がってくるとアクセルを踏み続ける状態になります。適度なスピードで答弁するように心がけたいと日々考えています。

8 いざ、議場へ！ 本会議一般質問答弁

❶ 本会議一般質問は、個人別ファイルがオススメ

　両手いっぱいに資料を持って向かう人、ファイル数冊のみの人など、議場や委員会室に向かう職員の姿はさまざまです。自分に合った「議会セット」を決めておくと安心して臨めます。些細なことですが、闘う場面での環境設定は大切です。

　使い慣れている筆記具数本、マーカー数本、ノートかＡ４サイズの紙、付箋大小、電卓は共通アイテムです。本章2で説明した自分好みの資料、所管されている分野の計画、たとえば、福祉分野であれば、地域福祉計画なども共通アイテムです。この共通アイテムに本会議と委員会ではそれぞれ異なるアイテムが加わります。

　本会議は個人戦ですから、１人で管理できる量になります。

　一般質問の場合は、議会運営委員会で決定された質問順に議員が質問を行いますから、答弁者も自分の出番が予測できます。オススメは、**議員ごとにクリアファイルを作り、QA、関係する法律や条例、パンフレット類、新聞記事などを入れておくことです。**仮に１日に４〜５人の議員の質問が行われて、そのうち３人で答弁があるとすれば、議員ごとに分けておくと、すぐに頭の切り替えができます。同じ項目で、２人の議員が質問する場合は、ファイルを１つにまとめることは可能です。議員ごとのファイルのほかに主なデータなどを綴じている日常使いのファイルもあれば、安心です。

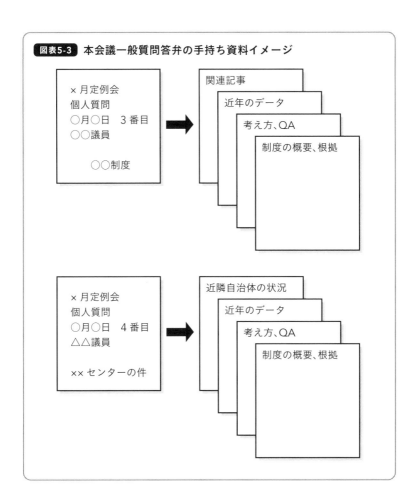

図表5-3 本会議一般質問答弁の手持ち資料イメージ

×月定例会
個人質問
〇月〇日　3番目
〇〇議員

〇〇制度

関連記事
近年のデータ
考え方、QA
制度の概要、根拠

×月定例会
個人質問
〇月〇日　4番目
△△議員

××センターの件

近隣自治体の状況
近年のデータ
考え方、QA
制度の概要、根拠

答弁デビューひとくちメモ

　本会議は個人戦ですので、いろいろと資料を持ち込みたくなります。資料があると、妙に安心するのも事実です。資料といえば、議員が、当日、議場で資料を使って質問する場合があります。独自に分析して作成されたものは、執行部が持っているデータと異なることもありますので、冷静に対応するしかありません。

9 本会議は「チーム役所」の一員としての時間

❶ 総合的に行政運営を考える時間

本会議一般質問の場合、自分の出番がなければ他人事になりがちですが、この時間はチーム役所の一員としての貴重な時間です。行政全般ですから、担当ではない分野の話は、わかりづらいこともあります。すべてを詳しく知っている人は極めて稀ですから、その点は気にする必要はありません。

しかし、議員の一般質問は住民視点です。内容によっては利用者や経営者の視点です。**住民のみなさんが、行政の施策や事業に対してどう考えているのか、何を要望しているのかを、総合的に聴くことができます。**この視点を大事にしましょう。

また、旬のテーマが頻出することが多いです。2020年でしたら、新型コロナウイルス感染症にかかわることで、保健衛生、医療、福祉、教育、産業、防災など多岐にわたります。自分の守備範囲以外のことのほうが多くなりますが、貴重な学びの時間です。

課長や課長補佐の場合、本会議には出席しない人でも、議会中継が行われている市町村であれば、ぜひ、本会議一般質問には耳を傾けてください。いろいろと気づきがあり、明日からの自分の仕事に役立つかもしれません。

❷ 連携や協働は要注意

もう1つの視点は、ほかの所属の動きです。役所の規模が大き

ければ大きいほど、他部署のことはわからないのが普通です。日頃は自分の守備範囲でのベストパフォーマンスに注力しているので、当然です。**議員の一般質問という場面を通じて、今後の施策展開、事業推進を考える時間にすると、非常に有意義です。**

　連携や協働という用語は、官民問わず頻出し、議会答弁でも同様です。これらの用語は、何かの事業を効果的に円滑に実施するための手段を表すものですが、議会答弁では連携や協働が目的になっていることもチラホラありますので要注意です。

　また、補助機関の内部、つまり、○○部と△△部、○○課と××課の連携や、執行機関またがりなどで、「今後、連携して実施します」という答弁がでてきたとします。言われた側が「知らないけど？」ということも稀ですが、あります。最悪の場合は、議会が終わってから、「勝手に連携って言わないで！」と喧嘩になりますから、相手のことを考えて答弁するということもお忘れなく。苦しまぎれの連携や協働は、答弁後が怖いです。

答弁デビューひとくちメモ

　役所に限ったことではありませんが、業務を遂行するうえで、いつもニコニコ仲良くというわけにはいきません。新しい業務をしなければならないとき、どこの部署が担当するかをめぐってもめることがあります。また、単一の部署ではなく、役割分担して複数部署の連携が必要ということもあります。ここでもめると、議会答弁に現れることがあり、○○部と△△部で矛盾したり、温度差が激しかったりします。ご注意ください。

10 委員会室へ向かう際の資料の準備術

❶委員会はチーム内で分担して資料を持ち込む

　委員会は団体戦ですから、資料は分担しておくと、自ずと、答弁の分担につながります。

　資料が多くなるのは、当初予算案や決算審査です。課長が所管している施策や事業の種類、予算規模によって、ボリューム感が違いますが、議会への提出書類一式は必須です。これがなければ話になりません。

　なお、最近、議案書や予算書等のペーパーレス化が進み、どっさりと紙資料を持ち込むという姿から変わりつつあります。一方、提出資料とは別に、積算根拠や経年変化、事業内容、利用者数や件数なども手元に必要です。普段使いのファイル、取り出しやすい資料、お守りとしてのQAなどもあります。

　仮に、部長、課長、課長補佐が出席するのであれば、全員が同じものを持って入ると、ものすごい量になることがあります。当初予算案や決算審査のときは、すべての施策や事業が対象になりますから、何を質問されるかは、予測がつかないものです。不意打ちを食らったときに、すぐに答弁できるようにしたければ、**各出席者の資料は厳選し、分担しておくと非常にスムーズ**です。

　こうすることで、チーム力が高まり、落ち着いて答弁することができます。

図表5-4 チーム内分業の例

A 部長
・予算書等
・主要な事業の方向性など

B 課長
・予算書等
・積算根拠、前年比
・主要な事業の方向性など

C 課長補佐
・予算書(該当箇所)
・積算根拠、前年比
・法令、条例、計画
・主要な事業の方向性など

答弁デビューひとくちメモ

　答弁ではありませんが、常任委員会での議案や関連資料の説明という場面があります。これは答弁ではありませんから、事前に準備をするもので、間違いがあってはいけません。

　ところが、「事件」がありました。常任委員会ではなく、非公開の常任委員協議会という場面でしたが、資料と説明で数字が違う！ 読み始めて気づきました。直前で数字が間違っていたことに気づき、資料の訂正はしたものの、読み原稿を変えるのを忘れていたという、単純な間違いです。すぐに気づいて、事なきを得ましたが、忘れられない経験です。チーム内分業ができていなかった事例です。

11 わからないことを質問 された場合の対処法

❶ 手元に数字がありません！

　件数や金額を聞かれて、持ち合わせていないということは、できるだけ避けたいのですが、残念ながら、あります。では、どうしますか。たとえば、「〇〇事業の利用件数の推移と今後の見通しを答えてください」という質問があり、数字を持ち合わせていないという場面です。

　1つ目の方法は**「ただいま、持ち合わせておりませんので、後ほど報告します」**という答弁です。もう1つは**「その数字は持っておりませんが、近年、減少の一途をたどっていると認識しています」**という答弁です。どちらも、議員がお尋ねの「〇〇事業の利用件数」をズバリ答えることができない場合の対処法です。

　本会議一般質問の場合、個人戦ですから、このどちらかで答弁するしかありません。一方、委員会の場合は、団体戦ですから、当初予算案や決算審査のときには、こういう事態がないように、チーム内で、事業レベルの経年変化や見通しを整理したものを持っておく必要はあります。多くは、過去にも質問されたことがある項目ですが、たまに、滅多に質問されない事業のことを急に質問されることもありますので、油断大敵です。

　この場合、「その事業のことはわかりません」とは答弁できませんから、質問を冷静に聴き、慌てずに手持ちの資料を頼りにして答弁するか、資料がなければ、日常業務を思い出しながら、落ち着いて間違えないように答弁するしかありません。

❷質問の意味がよくわかりません！

　これもぜひ避けたい場面ですが、全く、予想していなかった質問をされると、「何をお尋ねなのか？」だけが頭の中をぐるぐる回転し、冷静に聴けなくなります。慌てずに、落ち着いて聴くのみです。そこで、「わかりません」という答弁は避けなければなりません。

　「どういう意味でお尋ねですか？」と返せたらよいのですが、反問権がない場合は、確認ができません。ならば、どうするか。**「議員のお尋ねは〇〇ということだと思いますが、本市では××です」というように、前置きをするしかありません**。〇〇がはずれていれば、議員は「そういうことを聞いているわけではないのですが」と、再度お尋ねになるかもしれません。はずしてしまった瞬間は、空気が固まりますが、そこは、次の答弁で取り返します。

　類似場面は、「質問の意図はわかるけど、そのようなことを考えたことも、検討したこともない！」と思う瞬間です。議会と執行部では立場が違い、視点が違うことはこれまで述べてきました。このときは、「そのような考え方もあるのか」とまずは、尊重して受け止めて、冷静に「議員お尋ねの〇〇については、その検討はしたことはありませんが、△△という点で検討したことはあります（以下、続ける）」とするしかありません。

答弁デビューひとくちメモ

　一般質問での経験ですが、議員が独自に分析したデータをもとに独自理論を展開するという事例です。議員はそれが正しいと信じていますが、執行部としては分析も主張も理解しかねる内容です。質問と答弁が噛み合わない残念な場面になりますが、行政が持っている計画や客観的なデータをもとに淡々と答弁するに限ります。

12 批判や反対には、キッパリと説明を尽くす

❶ 批判はつらいけど、住民の考え方は多様

　議会という公開の場面で、自分が担当している事業を批判されるのは、つらいし、精神的にも悪いです。議員は答弁者が憎くて批判しているわけではなく、施策や事業に課題があると考えているから批判しているので、まずは冷静に考えます。

　何をどう批判しているのか、批判の次に代替え策を提案されているのかを、落ち着いて聴きながら、分析します。答弁調整の段階からわかっている場合は、答弁をある程度組み立てておけますが、その場でいきなり批判が強まると、心がざわつきます。そこは冷静に！　**住民の考え方は多様ですから、賛成も反対もいるのがごく普通のことだと受け止めます。**

　「○○整備事業については、近隣住民から説明を聞いていないと伺っています。市は近隣住民のみなさんに説明を尽くして、納得してから着手すべきであって、ただちに、事業を一時停止すべきでないか」という質問だとします。説明をしていないのであれば、「今後の対応について市として早急に検討します」となります。一部の住民から反対されているのであれば、「ご理解いただけていない方もおられることは承知していますが、事業を進めながら、ご理解いただけるように今後も説明します」という答弁が可能です。**批判内容を冷静に聴く**のが近道です。

❷反対を訴え続ける質問には「必要」を答弁

　批判と似た場面ですが、何度説明しても反対を訴え続けられると気持ちが折れそうになります。折れずに、必要性、正当性、合理性などを根気よく答弁し続けます。

　市町村には数多くの事業があり、社会の変化によって、事業の内容を変えていきます。少子高齢化と人口減少が進み、一方で、人生100年時代と言われています。たとえば、

　「高齢者向けに自治体独自の給付制度を長年続けてきたが、この先の対象者数の急増には対応しきれない。ひとり暮らし高齢者が増加傾向なので、身近な地域で気軽に集える機会を創出する必要がある。だから、給付事業は廃止、その変わりに集いの機会創出事業を重点化する」

　という事例だとします。「給付制度は存続すべきである」と強く反対する議員は必ずいます。しかし、今後の高齢者福祉の施策として、どちらが大事なのかを、議論を重ねてきているはずです。その**必要性、正当性、合理性を、丁寧に、わかりやすく、根気よく説明する**に限ります。

　稀ですが、野次が飛んでくることもありますが、冷静に！

　ここは執行機関の長を含めてのチーム力の発揮の場面です。仮に、課長が何度も答弁しているにもかかわらず、議員と平行線となれば、そこは部長の出番です。執行部の人数と組み合わせによりますが、1人で答弁し続けると疲弊します。ともに闘うメンバーがパスを回しながらキッパリと答弁します。答弁は質問者である議員だけでなく、ほかの議員、職員、住民も聴いていますから！

13 「隣の芝生は青い」質問への対処法

❶ 先進事例を引き合いに出されたら

　「○○県○○市では××事業をされているが、本市でも実施が必要と考える。いかがか」と、議員が先進事例を引き合いに出して質問することは珍しくありません。実施予定であれば答弁は簡単ですが、そうではない場合、「できません」だけでは不十分です。

　市町村では、先進事例を調査して、良いところを参考にして、事業実施に至ることはよくあります。現地を訪れての調査までは行わないにしても、先進的な取り組みであれば、先方の市町村のホームページでチェックぐらいはしています。そのなかで、よく似たことはすでに実施済みの場合もあれば、市町村の体力や取り巻く環境の違いなどから導入は難しい場合もあります。実際に先進事例ばかりを追いかけていたら疲弊します。

　「しない」「できない」場合の答弁は、その理由、代替えに相当するものがあれば、それを説明します。たとえば、代替えがある場合は、「○○市で実施の××事業については、本市で実施している△△事業と目的は同じですので、今後、実施方法については検討します」になりますし、体力的に無理な場合は、「○○市の××事業は先進的ではありますが、財源確保に課題がありますので、現段階では導入は困難であり、今後、研究いたします」になります。その場しのぎは避けて答弁します。

❷ 他自治体の成功事例と比較されても！

「本市では、かねてから××という課題があるが、○○市では非常に成果を挙げられている。本市の努力が足りないので、○○市を参考にして、積極的に取り組むべきである」などのように、他自治体と比較して質問されることがあります。「隣の芝生は青いですからねぇ」とは答弁できませんが、住民から見れば、本市の取り組みが劣っていると見えるのですから、そこは**真摯に受け止め、冷静に、現実を簡潔に答弁すればよい**のです。

よくある比較は、人口減少問題です。わが国全体では人口減少傾向ですが、一部の自治体で人口増加が見られますので、「なぜ、○○市は増加なのに、本市は減少なのか」と思うのは、ごく普通の市民感覚です。

さて、どう答弁するかですが、○○市のことを隅から隅まで知っているわけではないのですから、憶測で述べるのは避けます。

「○○市では人口増加傾向と伺っております」という引用が限界です。人口増加の要因は1つではありません。

「○○市の取り組みは参考とさせていただき、本市においても人口減少を食い止めるべく、△△、××をはじめ、多数の施策を展開しております。難しい課題ですが、引き続き努力します」など、本市で取り組んでいることを中心に答弁します。

答弁デビューひとくちメモ

本会議での答弁はコンサートホールのソリストだと感じます。委員会と空気が違います。全議員、執行部、傍聴者が私に注目です。助けてくれる上司はもういない！　任命権者から与えられた職に応じて、全体の奉仕者としての責任をもち、日々考えて行動することが、この場につながっていると実感しています。

14 議会での「間違い」には 要注意

❶ 答弁を間違えてしまったらどうするか

　答弁をうっかり間違えてしまうことはあります。よくあるのは数字です。件数や経年変化などを急に質問されて、慌てて回答したら間違えてしまったという場面はあり得ます。

　直後に気づいたら、進行中のどこかのタイミングで、挙手して「先ほどの答弁の数字が間違えておりましたので、訂正します」という対応になるのが一般的です。このあたりは、議会運営の申し合わせなどがあり、要注意です。

　気づかないまま、終わってしまうこともあり得ます。終わっているので、自分で訂正する機会はありません。委員会の場合は、団体戦ですから、同じチームの出席者が気づけば、挙手して訂正の発言のチャンスはありますが、誰も気づかなければ、終わってしまいます。そうなれば、まずは議会事務局と相談するしかありません。

　こうしたことが起きないように、手元にない数字や曖昧な答弁をしてはいけません。間違いを言わないように細心の注意を払うのは答弁の基本中の基本で、議会答弁を甘くみてはいけないということです。しかし、間違ってしまったら冷静に対応するしかありません。そして、自分の今後の答弁で気を付けるとともに、部下職員へのアドバイスとして活かしましょう。ズルズルと引きずって、答弁を怖がる必要はありません。

❷議員の発言が間違っているようなのですが！

「どう考えても、議員の発言が間違いなのですが！」という場面もあり得ます。「間違いですよ」と言うべきかどうか。物事にはさまざまな見方がありますから、**「絶対に間違っています」と言い切ることは、避けるほうが安全**です。

「○○事業の利用者は、来年から廃止になることを聞いていない。１年ほど先送りして、利用者への説明を尽くすべきであるが、市はどう考えるか」という質問で考えてみます。利用者が説明を聞いていないという主張ですが、再三にわたり、利用者向け説明会を開催し、説明文書を配るといった説明はしています。しかし、一部で理解していない人がいます。この場合は、間違いを訂正するというよりは、「説明を十分しております。一部の方は納得されていないことは事実ですが、多くの方には理解していただけている」と明確に答弁します。

また、法律や条例の解釈が違うという場合には、「解釈はこのようになります」と説明的答弁をするのが無難です。「間違いです」は使わなくても答弁可能です。

答弁デビューひとくちメモ

議員の発言が間違っているという場面で、質問と答弁を何回も繰り返すことになれば、どうするか。答弁の趣旨を変えずに、わかりやすく、事例を交えるなど、いつも以上に丁寧に答弁します。そして、あとで議事録を読む人が、理解できるように答弁するに限ります。

意思疎通の3原則

　議会答弁は、いつもスラスラで、困ることは一切ないと言い切れたら、それは凄いと思います。そうありたいと思いますが、慌てたり、焦ったりすることは、誰にでもあることです。

　そんなとき、どうしたらよいのでしょうか?

　本会議一般質問などが行われる議場では、職員間の連携は難しいです。各部長や局長が出席という場合、隣の人は、ほかの部の代表者ですから。それでも、誰が答弁するのか迷う場合は、見える範囲にいれば、アイコンタクトをとることはあります。稀ですが、メモが回ってくる、メモを回すことはあります。

　一方、常任委員会などは、委員会室で行われます。部屋の体裁や配席は、市町村議会によってずいぶん違うようです。それでも、執行部側で調整が可能であれば、課長と課長補佐の位置関係は、ささやき合うことができるようにすると心強いです。実際に行ったことですが、ある条例の審議のとき、違う部の職員と、答弁の役割分担をすることになりました。いつもは、かなり距離があるのですが、このときは、前後の配席になるように調整して、アイコンタクト、ささやき、メモで乗り切りました。意思疎通は、アイコンタクト、ささやき、メモの3原則が大切です。

　日頃からの職員同士の信頼関係が前提ですが、可能な範囲で答弁環境を整えることもスキルの1つです。

6章

管理職への
メッセージ

今、管理職デビュー、議会答弁デビューとい
う市町村職員のみなさんも、いずれは市町村職
員を卒業する日は必ずやってきます。自分自
身の議会答弁の基礎体力UPを図りながら、未
来の管理職育成も同時にしなければなりませ
ん。自分のことで精一杯というのはわかりま
す。ならば、ともに育てばよいのです。

1 議会答弁力は 管理職前からの積み重ね

❶ 地道に仕事をしよう

　管理職になるまでの長い年月をかけて地道に仕事をするなかで、本人が気づいていないうちに、答弁力の基礎を築いています。

　そんなことはない、理論的に話すのが苦手なので、答弁は勘弁してほしいという人もいると思います。市町村職員として、さまざまな業務を担当するなかで、差はありますが、住民に説明したり、意見交換を行ったりします。いつも順調というわけでもなく、時には、わかり合えないことがあります。

　特に、制度や規定には該当しないことを説明して、なかなかご理解いただけないことがあります。このときに、**１年目の職員であっても、１年目なりに必死で説明しますし、自分だけでは難しいときは、上司や先輩職員に相談してチームで対応します。**もし、その対応に良くない点があれば、１つずつ改善します。また、職員として日々の担当業務を担うなかで、事務改善や新規事業の実施を課長や係長に提案して実現すれば、テンションが上がり、住民や同僚から感謝されるという経験があると思います。こうした積み重ねが答弁力に変わっていくのです。

　議会答弁の準備や対応をこれまで書いてきましたが、新人のときからの積み重ねが議会というステージに変わっただけで、基本は同じです。１年目や５年目のときに、将来、議会答弁ができるように頑張ろうと思う必要はありません。立場に応じて、地道に仕事をすれば、結果につながっていきます。

❷ 議会答弁する管理職は、次世代を育成しよう

　議会答弁は、見方を変えると、課の代表者である課長等が公式に業務内容を語る場面です。そこに至るまでのプロセスには、QAや資料作成だけではなく、業務を進めるにあたっての意思疎通や決裁などの手続きを経ていますから、ここでの理解力、判断力、決断力などが必要です。部下職員はここを見ています。ここでの管理職の仕事ぶりが納得でき、格好良いほど、部下職員がさらに前向きになるでしょう。

　また、QAや資料作成は、何をどう使っているのかを作成する職員が理解できていれば、作成意欲が上がりますし、間違うことも減ります。急な場合は別として、当初予算案や決算審査のように時期が明確なものは、作成する時期もわかっていますから、管理職が適切に指示できていれば、仕事はスムーズです。これを次世代育成の視点で見ると、**判断や指示が明確であれば、近い将来、この担当者が管理職になったときに、同じような行動ができます。**

　このように、次世代に向けての好循環をつくることで、組織としての答弁力が継承できます。

答弁デビューひとくちメモ

　管理職になる直前から、部長や課長たちと会議で議論し、進め方を決めていくことが何度もありました。上司たちは議会に関する会話をするのですが、私はついていけません。たとえば、「これはカクハで報告が必要だから資料がいる」という会話でした。私は「何それ？いつまでにいるの？」と不明点だらけ。これは各派代表者会議の略称で、上司から学ぶしかない用語でした。わからなければ、その場で上司に尋ねましょう。

2 部下職員の素晴らしい サポートに感謝する

❶ コミュニケーションで人は伸びる

　日頃からのコミュニケーションが良好であれば、ほとんどの難問はクリアできます。特に、**部下職員の素晴らしい働き、サポートには素直に感謝を伝える**ことが大切です。

　当初予算案や補正予算案、あるいは、条例改正案などの議案のなかで、非常に苦戦することがあります。議会と執行機関では立場が違いますから、市町村長が提案する議案について、すんなりと可決に至るとは限らないものです。心が折れそうになることも少なからずあります。

　こういう苦しいときほど、上司も部下も巻き込んで、コミュニケーションを図ることで、道筋が見えてきます。さらに、ともに闘うという共通の経験が、自分自身も周りも職員としての力を伸ばすことにつながります。たとえば、QAや資料を作るにしても、「こういう議論になるから、○○の経年変化の資料がほしい」「この条文の解釈、一言でわかりやすく言うとどうなるか、書いてみてほしい」などの具体的なオーダーを出すことで、共通認識を確認しやすくなります。そして、QAや資料が役立つものであれば、素直に感謝を言葉で伝えると、さらにチーム力が高まります。

　議会当日は時間には余裕を持って議場や委員会室に向かいますが、忘れ物があれば部下に助けを求めるしかありません。そして、無事に終われば、資料作成をはじめ、支えてくれた部下職員に「ありがとう」と感謝の気持ちを伝えます。

❷ 役に立った資料はフィードバックする

課長が課長補佐に指示を出し、さらに課長補佐が係長に指示を出すとき、この係長へのフィードバックが将来につながります。

　得てしてありがちなのが、管理職と管理職目前の職員との分断です。議会答弁は、課を代表して課長等が行うことが多く、係長にはよくわからないということがあります。これが「管理職になりたくない」という原因の1つにつながっている可能性があります。

　係長の立場からすると、日常業務が多忙でそれどころではないという事情もあります。とはいうものの、係長は将来の管理職候補ですから、係長のときに、課長が議会答弁をどうしているのか、そのための資料を自分たちが作っているのだと理解してもらう努力を、管理職がするほうがよいと考えます。

　議会のライブ中継や動画配信があれば、その活用に効果があります。議事録よりもリアルですから、課長が闘っている姿を見てもらって、将来の自分の姿だと思ってもらえれば最高です。

答弁デビューひとくちメモ

　議会答弁のための資料なのか、議会答弁でも使える資料なのか。この違いは大きいです。事前に質問内容が特定できていれば前者になります。一方、特定できない、当初予算や決算審査などの場合は後者です。資料作成を通じて、担当者自身が事業の振り返りや今後を展望することができれば、やらされた感にはなりません。答弁で役に立てば「この資料のおかげで助かった」とすぐに褒めましょう。また、追加してほしい情報があれば、気づいたときに追加を指示しておくと、次の答弁の場面で役立ちます。

❶ 思い込みの好循環

　答弁をできる期間と人には限りがあることを考えれば、「市町村管理職は楽しい」と思い込むことで好循環が生まれます。当たり前ですが、市町村職員には定年があります。議会答弁できる年月には限りがあります。これを価値あることと感じることが、仕事を上手く進めるうえで近道といえるでしょう。

　とはいえ多くの管理職が早く解放されたいと願うのが本音でしょうが、くれぐれも無責任答弁をされませんように。次世代の職員、近未来でいえば、後任者が困るような答弁は NG です。議会答弁に限ったことではありませんが、議事録が残る議会答弁は格別にそう思います。後々まで恨まれるのは本意ではないはずです。ここまではネガティブな話です。

　ポジティブに考えてみれば、未来に向かってまちづくりを語る、住民に約束する場面です。10年、20年先に、その答弁が生きる可能性があります。今しかできない、市町村管理職だけが出場できる場面です。職員を含めて多くの人の願いや思いを代表しています。市町村管理職は、住民福祉の向上を実現するために、政策形成や事業実施できるという最幸の仕事で、それを公式に残せるのが議会答弁です。管理職離れの話は先に述べましたが、誰かが担う役目です。管理職、特に、課長になった以上は、管理職は楽しい、議会答弁は怖くないと思い込んで、管理職という役割を演じ切ると覚悟を決めましょう。

❷ 女性の答弁者が増える時代

　これからは、女性の答弁者が増える時代です。今はまだまだ、各市町村の管理職の女性比率は、決して高くはありません。そのため、議会での女性の答弁者は少ないというのが現状です。

　男女で答弁力に差があるとは思いませんが、少数派であるがゆえに目立ちます。新たに管理職になった女性管理職の人はプレッシャーを感じているかもしれませんが、気負わず、自分らしさを保ちながら、粛々と簡潔明瞭に答弁できる力をつけましょう。男女を問わず、良い見本があれば、どんどん参考にしていきます。

　近年は、採用時点では女性のほうが多い市町村もありますから、20年先には、女性の管理職が珍しくもなく、普通に議会答弁している日が来ると思います。議会はまちの未来を決める場ですから、答弁者側の男女共同参画が進めば、住民福祉の向上につながるはずです。

　2040年に、議場や委員会室にスタンバイする執行部の男女比率を半々にするには、今スタートしなければなりません。そのためには、**20〜30歳代の女性職員には、管理職ロールモデルまたはサンプルが必要**です。今でしたら、上司である40〜50歳代の女性管理職が議会で簡潔明瞭に答弁している姿がそれに当てはまります。

答弁デビューひとくちメモ

　人生初答弁は委員会でのひとコマでした。短い答弁でしたが、その時間は長く感じました。その2年前から話題だったタウンミーティングに関するもので、上司が答弁すると思いきや、上司は微動だにしませんでしたので、私は咄嗟に挙手。突然の出番で、手元に資料を持ち合わせていませんでしたが、実務者の強みを活かして、誠心誠意、質問者を見て答弁することだけは何とかできたと思います。

究極のライフワークバランス

　市町村管理職の多くは40～50歳代で、親問題を抱える、つまり、介護者であるという人は珍しくないと思います。私自身、管理職ライフ＝介護者ライフです。

　使えるスキルにも差がありますから、一概には言えませんが、介護保険制度を活用し、ほかの介護者と分担するなど、使えるものはすべて使うに限ります。とはいうものの、「議会中に急変は困る。死なないで！」と神頼みするしかないのも現実です。

　人は必ず死にますし、その日時をあらかじめ決めることはできません。議会に出席しなければならない日に、親が死ぬかもしれません。これが現実です。わが家の事例では、長年の闘病生活を終えて、母が昇天したのは土曜日夕方。日曜日と月曜日の2日間で一連の儀式を終え、火曜日には常任委員会に出席しました。ある方から「あなたの都合に合わせて、お母さんは旅立ったと思うよ」と言われ、なるほどと思いました。また、10数年前になりますが、委員会の日と母の手術の日が重なりました。13~14時間の大手術で日程変更は不可。このときは、当時の上司が「ちゃんと付いていてあげて！」と言ってくれ、委員会を欠席しました。

　互いに助け合える、困ったときにはお互い様という関係性は、代えがたいものだと実感しました。

議会用語集

この用語集は、議会で答弁する職員の視点で分類し、作成してみたものです。これから、答弁デビューする市町村職員のみなさんが、上司や先輩たちの会話を理解するためのツールとして、使っていただけたらと思います。

❶ 会議いろいろ

定例会　条例に定める回数において招集される議会。3月議会、6月議会、9月議会、12月議会の4回としている市町村が多いです。

臨時会　定例会以外に臨時で招集される議会のことを言います。

通年会期制　通年議会、通年制とも言われています。会期を1年として、定例会と臨時会の区別を設けないで、通年の会期とする議会のことです。2012年の地方自治法改正により可能になりました。

本会議　議場にて行われる会議で、議員全員により構成されます。

委員会　本会議の機能の一部を分担するもので、議会運営委員会、常任委員会、特別委員会の3種類があります。委員会室で行われます。

議会運営委員会　「議運（ぎうん）」と略することが多いです。会派の代表者等により構成する委員会のことです。議会の運営を円滑に行うために、議会の進行や議案審査の手順等を決めます。委員の人数や選出方法は、市町村議会ごとに異なります。

常任委員会 議会において、議案などを専門的かつ効率的に審査するために、所管事項を決めて設置される委員会です。委員会の数、所管事項の分け方、委員の人数は、市町村議会ごとに異なります。また、執行機関の長の出席の有無も一様ではありません。

特別委員会 議会において、必要な場合に、議決により特別に設置される委員会です。予算、決算、災害対策、庁舎建設など、当該市町村で重要な事項について調査、議案審査するために設置されています。

会派代表者会議 市町村議会によって、名称、運用などが非常に異なるものです。よくあるのは、議会の会派の代表者により構成する会議で、議会運営に関する調整などが行われます。執行機関からの報告を受ける機能もあります。この会議は、各派代表者会議、幹事長会、代表者会議、団長会議など、名称が多様です。また、会派がないという議会の場合は、この会議はなく、全員が出席する全員協議会がその役割を担っているようです。

全員協議会 全議員が集まり執行部からの報告を受ける場のことを意味する場合もありますが、地方自治法第100条第12項に基づくものもあるので、位置づけの確認が必要です。「全協（ぜんきょう）」と略されることが多い会議のことです。議員全員協議会、議員総会などの名称も使われています。

❷ 人数やグループ

議員定数 議会を構成する議員の人数のことで、条例により規定されます。

議席 議場において、議員が着席する席のことで、着席する場所が決まっています。会派の所属議員がまとまって着席すること

が一般的です。

会派　議会において、議員が構成するグループのことです。議員が所属する政党と一致するとは限りません。定数が少ない市町村議会の場合は、会派がないこともあります。

会派の代表者　代表、幹事長、会派代表者、団長など、呼称は市町村議会によって異なります。

一人会派　会派を結成するルールは、市町村議会によって異なります。2人以上または3人以上という議会が多いようです。1人でも会派を結成できる場合は、一人会派と称されます。会派を結成できない場合は、無所属議員と称されます。

❸ 日程や期間

会期　議会の開催期間のことです。1か月前後のところが多いです。

議事日程　本会議において、その日に行うことを一覧にしたものです。

開議　会議を開くこと。始める時間のことを開議時間と言います。

散会　その日の会議を閉じることです。

休会　会期中に議会が休止することです。

延会　議事日程の一部を翌日以降に繰り越しすることです。

閉会　会期を終えることです。

❹ 質問と答弁

一般質問　本会議において、議員が、議長の許可を得て、行政全般について質問するもので、代表質問と個人質問があります。

代表質問　一般質問のうち、会派の1人が会派を代表して行う質

問を代表質問と言います。

個人質問　代表質問に対して、議員が個人で行う質問のことです。

緊急質問　緊急性がある重要事項について、議会の同意を得て行う質問のことを言います。

発言通告　一般質問の内容を、議長に対して、あらかじめ通告することです。

発言時間の制限　一般質問、質疑などに、制限時間を設けている場合が多いです。議員の発言時間だけをカウントする場合と、執行部の答弁を含めてカウントする場合があります。

一問一答方式　一般質問の方法のことで、議員が１つのことを質問し、その質問に対して執行機関の答弁をする方式のことです。

一括質問一括回答方式　一般質問の方法のことで、議員が複数の項目を一括して質問し、執行機関が一括して答える方式。答弁は一括ですが、答弁者は１人とは限りません。質問内容に応じて、答弁者が役割分担して答弁します。執行機関の長の答弁の後の再質問は、回数の上限が決まっていることがあります。

❺ その他の用語いろいろ

質疑　条例改廃などの議題に関して、議員が疑問点や不明点について、確認、質すことを言います。

討論　議案を採決する前に、賛成、反対のそれぞれの立場から、議員が理由を述べることを言います。

表決　議員が賛成・反対の意思表示をすることです。

反問権　議員の質問に対して、執行機関の答弁者が問い返すことです。反問権の有無は市町村議会によって異なります。

請願　議会への要望で、紹介議員が必要です。議長が受理したのち、議会において、請願の審査を行い、採択するか、不採択と

するかを決定します。

陳情　これも議会への要望ですが、紹介議員は不要です。

参考文献

松本英昭『要説 地方自治法——新地方自治制度の全容（第9次改訂版）』（ぎょうせい、2015年）

金井利之『自治体議会の取扱説明書（トリセツ）——住民の代表として議会に向き合うために』（第一法規、2019年）

土山希美枝『「質問力」でつくる政策議会』（公人の友社、2017年）

公務員実務用語研究会『公務員版 悪魔の辞典』（学陽書房、2019年）

森下寿『どんな場面も切り抜ける！ 公務員の議会答弁術』（学陽書房、2017年）

真山達志『ローカル・ガバメント論——地方行政のルネサンス』（ミネルヴァ書房、2012年）

大森彌『自治体職員再論——人口減少時代を生き抜く』（ぎょうせい、2015年）

村木厚子『公務員という仕事』（ちくまプリマー新書、2020年）

吹田市議会「市議会NAVI（ナビ）」（吹田市議会、2020年）

上野美知「管理職は意外と楽しい〜女性管理職のススメ〜」（HOLG 第8回気楽に自由なことを発表する会、2020年）

和歌山市議会ホームページ（2020年12月16日確認）

八尾市議会ホームページ（2020年12月16日確認）

総務省ホームページ　地方自治制度の概要（2020年12月16日確認）

おわりに

　管理職デビューは遠い昔の記憶になり、その後、実にいろいろなことがありました。八尾市では管理職昇任考査があり、受験するかどうかを決定するのは自分です。役所を劇場とするならば、あえて、管理職という役を自分から取りにいきました。さまざまな演目があり、役を演じるからこそ経験できたこと、見えた景色がありました。ぜひ、次世代の市町村職員のみなさんにも経験していただきたいと、心から思っています。

　役所によって違いはあるようですが、議会答弁について体系的に学ぶ機会はほとんどなく、経験を重ね、自分スタイルを築くというプロセスが一般的のようです。人の振り見て我が振り直せという学び方をすることになります。

　1989年4月1日、八尾市役所に奉職。最初の仕事は生活保護のケースワーカー。その次は、固定資産税償却資産分の課税業務と証明書等の窓口で、合計で10年間。この期間、議会というものを意識したことは全くありません。その代わりに、窓口と現場調査の10年間でもありましたから、実に多くの市民のみなさんとお会いしたことになります。この時期の仕事は、長い目で見れば、それも議会答弁力につながっていると思います。当時は、女性職員で税務調査を担う職員が珍しかった時代で、調査先の社長さんに珍しがられ、役所の仕事を辞めずに定年まで勤めるようにと本気でアドバイスされたこともありました。

　また、当時は、保健・医療や教育・保育などの現場を除けば、役所に女性の管理職は皆無ですから、私自身が管理職になって、議会答弁する日が来るとは、全く想像したこともありません。

2020年8月より、地方公務員女性管理職ネットワークを設立し、少ない人数ではありますが、オンラインで交流・学びの場を共同運営しています。日本各地で、ともに、住民のために日々闘っている仲間がいるというのはなんと心強いことかと実感するこの頃です。10年後には、市町村議会で答弁する女性職員が増えていることを願っています。そして、本書を発行するきっかけとなったのは、長崎県諫早市職員の村川美詠さんです。リアルでお会いしたことはありませんが、お互いの著作をネタに一献できる日を楽しみにしております。

　また、企画段階から大変お世話になりました学陽書房の松倉めぐみさんには心より感謝申し上げます。

　残りの役所での年月、どれだけ答弁の機会があるのかは、わかりませんが、さらに進化を遂げていきたいと考えております。本書をお読みになられた感想などをお聞かせいただければ、大変嬉しいです。

　最後になりましたが、本書に登場する上司のみなさま、生意気な部下だった私に、身をもって教えてくださったことを、この場で御礼申し上げます。ありがとうございました。

　2021年4月吉日

吉川　貴代

●著者紹介

吉川　貴代 （よしかわ・きよ）

八尾市こども若者部長、社会福祉士。大阪市立大学文学部卒。1989年入庁。
生活保護ケースワーク、税務、介護保険、児童福祉の実務担当者を経験した
のち2005年度から管理職。子育て支援課長補佐、総合計画策定プロジェクト
チーム参事、市民ふれあい課長、人権文化ふれあい部次長等を経て、2016～
2019年度は政策企画部長。2020年度より現職。

はじめてでも乗り切れる！
公務員の議会答弁ガイド

2021年4月21日　初版発行

著　者　吉川貴代

発行者　佐久間重嘉

発行所　学陽書房

〒102-0072　東京都千代田区飯田橋1-9-3
営業部／電話　03-3261-1111　FAX　03-5211-3300
編集部／電話　03-3261-1112
http://www.gakuyo.co.jp/

ブックデザイン／スタジオダンク　DTP制作・印刷／精文堂印刷
製本／東京美術紙工